서른에 읽는 프로이트

불안정한 시기에 만나는 심리학의 거장

서른에 읽는 프로이트

———— 성유미 · 이인수 지음 ————

유노
북스

자신과 타인을
이해하게 되는 살아 있는 지침

이무석
정신 분석학의 대가

전남대학교 의과 대학의 정신과를 만드신 김성희 교수님께 처음 프로이트의 정신 분석을 배운 것이 1966년이었습니다. 지난 50년 동안 많은 환자를 만났습니다. 돌아보면 성공적인 치료도 있었지만 좌절도 많았습니다. 하지만 그 과정에서 프로이트 정신 분석의 핵심이 사랑이라는 것을 깨달았습니다. 사랑하는 사람들, 부모와 배우자, 자녀들, 나를 위해 헌신하는 사람들 그리고 치료자를 향한 사랑이 변화의 원동력입니다.

《서른에 읽는 프로이트》의 출간을 축하합니다. 성유미, 이인수 두 분은 이미 몇 권의 책을 쓴 실력 있는 작가이자 정신 분석가입니다. 모두 쉽고 살아 있는 언어로 불안을 통해 자신의 무의식을 이해하는 방법과 마음의 갈등에서 건강한 타협점을 찾는 프로이트의 지혜를 들려줍니다. 이 책이 자신과 타인의 마음을 이해하고 더 사랑할 수 있도록 돕는 안내서가 될 것이라 믿습니다.

프로이트와 자신의 내면을
만나게 해 줄 필독서

김미경
국내 최초 여성 국제정신분석가

　우리 모두 인간 정신의 비밀을 파헤친 프로이트의 천재성을 인정하지만 프로이트 읽기를 쉽게 권하기도, 제대로 가르치기도 어렵다. 그러나 삶을 살아가면서 프로이트를 모르고 지나친다는 것은 참으로 안타까운 일이다. 그런데 후배이자 제자이고, 동료이자 친구인 성유미 선생과 이인수 선생이 함께 만들어 낸 이 책은 읽어 내려가다 보면 가슴이 벅찰 지경이다. 프로이트가 받는 많은 오해까지 인간적인 눈으로 바라보면서 그가 마음으로 주장한 "일하고 사랑하는 능력"을 온전히 풀어가는 길을 모색한다. 대중뿐 아니라 정신 분석을 공부하는 분들에게도 필독서로 권하고 싶다.

　어려운 프로이트를 쉽게 소개하는 동시에 독자 자신의 내면에 귀를 기울이도록 도와주는 책이다. 저자들이 추구해 온 진실한 깨달음을 대중과도 나눠 보려는 사랑이 느껴진다. 이렇게 귀중한 자료가 가득한 소중한 책의 추천사를 쓸 수 있어서 고맙고 기쁘다.

서른, 마음이 보내는
신호에 주목해야 할 때

최근 29세에서 30세로 넘어가는 사람들을 모아 콘텐츠를 구성한 유튜브 영상을 본 적이 있어요. 29세인 사람들만 스튜디오에 모아 놓고 다 함께 제야의 종소리 카운트다운을 기다리며 진행자의 여러 가지 물음에 답하는 콘셉트였는데요. 마침 서른에 대한 책을 쓰고 있어서 흥미진진하게 지켜봤습니다. '아! 서른의 매직은 여전하구나' 하고 생각하면서 말이죠.

이쯤 되면 서른이 지닌 함축적 의미와 상징성이 몹시 궁금해집니다. 우리 정서에 익숙한 유교의 관점에서 보면 공자가 제시한 나이별 호칭은 지금도 여러모로 의미가 깊습니다. 그에 따르면 서른 살은 설 입(立), 이립(而立)입니다. '서는 사람'인 것이죠.

대체로 생후 1년쯤 되면 아기는 처음 서서 걷는데, 이때 부모의 기쁨과 감격은 이루 말할 수 없습니다. 어찌저찌 서는 것은 그 전에도 흉내 낼 수 있지만, 스스로 걷기 위해서는 여타의 도움 없이 온전히 서는 것이 선행되어야만 가능하기 때문입니다. 혼자 서지 못하면 홀로 걷지 못하는 것은 당연합니다.

그렇다면 이미 혼자 걷고도 남을 나이, 서른에 서는 것을 논함은 당연히 육체적, 물리적 독립이 아닌 정신과 뜻의 자립입니다. 하지만 최근 들어 경제적 독립의 영역이 커져 정신과 뜻을 확고하게 세워야 한다는 의미를 이야기하기가 어려워졌습니다. 정신적 사치로 폄하되기도 하고, 경제적 독립만 되면 마음과 심리는 자연히 자유와 평안을 얻게 될 것이라는 지극히 물질주의적 사고방식에 품을 내어 주고 말았죠.

그 결과로 우리는 자신이 진정으로 원하는 삶이 무엇인지, 어떤 가치와 목적을 추구해야 하는지에 대해 깊이 생각해 볼 시간과 마음의 여유를 갖기가 어려워졌습니다. 어쩌면 그 가운데서 안간힘을 써 자기 마음을 돌아보고, 인생에 대한 자기 뜻을 세우려고 애쓰는 사람들이 있다는 것 자체가 기적일지 모릅니다.

이상과 현실 사이를 열심히 들락거리다가 어느 한 방향으로 기울어지기 시작하는 나이가 딱 이맘때, 서른입니다. 여기저기 기웃거리며 열정을 쏟아도 그 모든 것을 완벽하게 해낼 수는 없다는 한계를 배우는 것도 이쯤이죠. 누군가는 백일몽이나 이상의 벽을 뚫고 현실에서 자기 뜻을 세워 가지만, 누군가는 현실의 벽조차 넘지 못한 채 자신의 꿈을 폴더 폰처럼 접어 버리기도 합니다. 그러다 보면 스스로 자신에게 뜻이나 의지가 있었는지조차 모르고 이 '황금기'를 흘려보내 버리게 되죠.

세상에는 수십억 명의 사람만큼 다양한 삶의 방식이 존재합니다. 여러분 역시 그중 하나를 고르거나 위인들에게서 힌트를 얻어 새로운 길을 창조할 수 있죠. 삶을 꾸려 나가는 방식과 모양새에 상관없이 나의 삶은 나라는 한 사람의 결정과 결단으로 좌우됩니다. 내 삶에 대한 나의 선택의 권한과 무게는 절대 가볍지 않습니다. 그러니 '이 시기를 어떻게 보낼 것인가'에 대한 답은 내 인생의 방향을 스스로 정하고 제 뜻과 선택의 무게를 깊이 느끼고 받아들이는 데서 시작합니다.

불안하고 약간은 아니, 많이 다급한 서른에게 당장 평생 직업을 찾는 것, 미래의 진로를 결정하는 것, 결혼을 추진하는 것, 급하게 독립을 하는 것 대신 우선 산책부터 할 것을 권하고 싶습니다. 모두 다 중요하지만, 오히려 너무 중요하기 때문에 결정적이고 중요한 행위들을 덥석 해 버리는 것이 아니라 둘러보고, 돌아보고, 말해 보고, 생각해 보고 또 물어봐야 합니다. 처음에는 발길 닿는 대로 걷다가 익숙해지면 자신의 발걸음을 제어하며 내면 탐구와 마음 산책의 시간을 가져 보라고 꼭 말해 주고 싶습니다.

그리고 그 산책에서 사람의 마음을 사랑하고 중시한, 내면 중에서도 가장 깊숙하다고 하는 '무의식'의 차원을 존중하고 평생을 탐구한 그리고 실제로도 산책을 좋아했던 정신 분석가 지크문트 프로이트를 만났으면 좋겠습니다.

불안을 날개 삼아 날아오른 심리학의 거장 프로이트

프로이트에게도 혼란과 불안은 삶을 관통하는 중요한 정서였습니다. 프로이트는 30대에 자신의 꿈과 자아실현을 위해 고군분투했고, 사랑에 빠지기도 했습니다. 그리고 어린 시절에 받았던 가족과 부모님의 영향을 깊이 들여다보려고 노력했죠. 그는 만만치 않은 현실을 넘어서기 위해 애썼으며 맞닥뜨린 냉혹한 현실이 요구하는 조건들을 외면하지도 않았습니다. 프로이트는 때로는 맞서고, 때로는 타협하면서 소중한 사람들과 내면의 자산을 지키기 위해 노력했습니다.

젊은 날의 프로이트는 지금의 우리처럼 대학에 입학해 진로를 고민하고 불확실한 미래에서 자신을 구원해 줄 힘 있는 멘토를 찾아 헤맸습니다. 그리고 현실의 한계 앞에 좌절하던 중 한 여성을 만나 깊이 사랑하고 결혼해 가정을 이뤘습니다.

차별과 소외를 견디다

프로이트는 진실에 대한 끝없는 호기심으로 금기의 영역까지 과감히 탐험한 과학자였습니다. 그는 자신뿐 아니라 모든 인간의 마음을 설명할 수 있는 '일반 심리학'을 만들고자 했습니다. 평생을 오스트리아 빈에 머물며 정신 분석의 핵심 이론들을 발표해 유명세를 떨치기도 했죠. 하지만 가난했던 프로이트는 불확실한 미래 앞에서 고통스러운 사건들을 겪으며 좌절을 맛보기도 했습니다. 또한 유대인이라는 이유로 심한 차별과 혐오를 경험하며 억울하고 고통스러운 시간을 보내야 했습니다.

20대 중반 무렵, 프로이트의 지도 교수였던 브뤼케는 그에게 연구실에 남기보다 개업 의사의 길을 권유했습니다. 가난과 경제적 어려움에 부딪힌 프로이트는 위대한 연구자가 되겠다는 꿈을 잠시 접어야 했습니다. 그는 당시 큰 좌절감을 느꼈으나 결코 절망에 빠지지 않았습니다. 훗날 프로이트는 학문의 길을 포기하라는 브뤼케 교수의 권고를 "내 아버지의 고결한 이상주의적 무분별함을 교정해 준 말씀"이라 회고하며, 1882년을 자신의 인생에서 중요한 '전환기'로 칭했습니다.

실제로 프로이트의 아버지 야코브는 아들이 의학에서 큰 성공을 이루길 바랐습니다. 프로이트는 아버지의 높은 기대를 받아들이면서도 이상주의에 빠지지 않고, 현실 속에서 돈을 버는 의사로서 다양한 경력을 쌓아 나갔죠. 사랑과 결혼의 꿈도 절대 놓치지 않으면서 말입니다.

프로이트는 이 시기에 브뤼케의 연구실에서 14세 연상의 부유하고 탁월한 의사이자 생리학자인 요제프 브로이어도 만났습니다. 둘은 얼마 지나지 않아 절친한 사이가 되었죠. 브로이어는 프로이트에게 친구이자 또 다른 아버지 같은 존재였습니다. 가난한 프로이트는 자존심 때문에 브로이어에게 경제적 지원을 받고 싶지 않았지만 브로이어는 프로이트에게 여행비 등을 지원해 줬습니다. 프로이트의 청년기 10년 동안 브로이어는 친한 친구이자 은인이 되어 준 셈이었죠. 그는 가난하고 야심 찬 프로이트에게 애정과 격려 그리고 재정적 지원을 아낌없이 제공했습니다. 이에 프로이트도 오랫동안 브로이어에게 고마워했습니다.

하지만 프로이트가 35세가 되었을 때부터 두 사람의 사이는 멀어지기 시작했습니다. 브로이어가 프로이트의 이론이 지나치게 성적인 것에 집중한다고 비판한 것이죠. 35세에 프로이트는 자신의 논문 〈실어증이라는 개념에 관하여〉를 브로이어에게 헌정했으나 브로이어는 고마움을 표현하기보다 이 논문의 문제점을 신랄하게 지적했습니다. 프로이트는 이에 크게 실망하고 분노했죠. 심지어 브로이어가 자신의 성공을 방해하려 한다고 느끼기까지 했습니다. 브로이어 역시 프로이트와 연락을 끊었습니다. 그로부터 10년 후 프로이트는 깊이 있는 자기 분석을 한 후에야 브로이어에 대한 실망과 경멸의 감정에서 벗어났고, 그를 좋은 인연으로 느끼게 되었다고 말했습니다.

프로이트는 29세가 되었을 때 프랑스로 6주간의 유학을 떠났습니다. 그는 파리 살페트리에르에 있는 한 병리학 연구소에서 샤르코를 만났습니다. 프로이트는 바로 그에게 매료되었습니다. 샤르코의 가르침보다 그의 인간적 매력이 더 강력하게 프로이트를 사로잡았습니다. 당시 유럽의 가장 위대한 의사이자 천재였던 그는 늘 명료했고, 진지하면서도 연극적인 사람이었습니다. 샤르코는 신경계에 문제가 없는 사람에게 최면 암시를 걸어 히스테리성 마비를 유도하고 치료했습니다. 최면을 걸면 의식과 무의식이 해리되고, 손과 발이 마비되는 것이 프로이트에게는 놀랍고 감동적이었죠.

프로이트는 오스트리아인도 독일인도 아닌 유대인이었고, 프랑스어 실력은 형편없었기에 그는 늘 위축되고 긴장한 채 파리 생활에 적응하려고 했습니다. 처음에는 거의 주목받지 못했고, 스스로 "외국에서 온 수많은 들러리 중 한 명"이라고 표현했습니다. 그럼에도 프로이트는 샤르코의 강의록을 독일어로 번역할 기회를 놓치지 않았습니다. 그에게 직접 편지를 써서 적극적으로 번역 의사를 밝혔죠. 샤르코 역시 프로이트의 제안을 바로 수락했고, 이때부터 프로이트에게 특별한 관심을 갖고 다정하게 대하기 시작했습니다. 드디어 프로이트는 샤르코와 개인적으로 친분을 맺게 되었고, 병원 일에도 전적으로 참여할 수 있게 됩니다. 그 당시 프로이트가 샤르코로부터 사교 파티에 처음 초청받았을 때의 감격과 기대, 긴장과 설렘은 그가 쓴 편지에도 생생하게 드러나 있습니다. 6주가 지나고 빈으로 돌아오고 나서도 프로이트는 샤르코에 대한 존경심을 아끼지 않았습니다.

사랑의 고난을 이겨 내다

1882년, 26세의 프로이트는 마르타 베르나이스를 만났습니다. 프로이트는 자신보다 다섯 살이 어리고 젊은 남성들에게 인기가 많았던 마르타에게 매우 적극적인 구애를 했고, 둘은 곧 사랑에 빠져 두 달 만에 약혼했습니다. 하지만 마르타의 어머니는 아직 위치도 안정적이지 않고, 경제력도 없었던 연구자 프로이트를 달갑게 여기지 않았습니다. 프로이트가 똑똑한 것은 부인할 수 없었지만 연구실에 머물면서 오랫동안 가난한 삶을 살 것만 같았기 때문이죠. 또 유대인으로 살았지만 무신론자인 프로이트와 정통 유대교 집안의 마르타 사이에 종교 문제로 인한 긴장도 컸습니다. 게다가 미래가 불확실한 가운데 프로이트는 4년 반 동안이나 약혼녀를 기다리게 했습니다.

하지만 긴 기간에도 그녀를 향한 프로이트의 애정은 변함이 없었고 프랑스에서 돌아오자마자 결혼식을 올렸습니다. 그리고 중산층의 가정을 꾸리기 위해서 과학자로서의 야망을 미루고 연구실을 떠나 개업 의사가 되는 길을 택했습니다.

서른이라 흔들리고
흔들려서 서른이다

이처럼 프로이트는 자아실현과 관계, 사랑 등 인생 전반에서 많은 우여곡절을 겪었습니다. 그렇기에 프로이트가 전하는 메시지는 현대의 30대가 겪는 불안과 갈등을 이겨 내는 데 유용할 것입니다.

인간은 100년 전이나 지금이나 자신의 본능적 욕구와 사회적 규범 및 기대 사이에서 끊임없는 충돌을 겪는 존재입니다. 불안의 양과 강도는 전혀 줄어들지 않았고, 오히려 글로벌한 무대만큼 더 커졌을 뿐입니다.

이때 프로이트의 인간에 대한 통찰과 분석적 지혜는 우리가 불안과 갈등의 혼돈에 휘말리지 않고 본질을 이해할 수 있도록 돕습니다. 여러분이 서른을 지나며 느끼는 불안을 피하지 않고, 오히려 성장을 위한 지렛대로 삼아 더 높이 날아오를 수 있도록 이끌어 줄 것입니다. 프로이트의 지혜가 불안을 통해 내면의 갈등을 이해하고 마음의 다양한 목소리를 집중해서 들을 수 있도록 도와줄 것입니다.

서른이라 불안하고, 불안해서 서른입니다. 이제는 불안을 나의 것으로 온전히 받아들이는 연습이 필요합니다. 본격적으로 자신을 탐색하고, 깊이 들여다보는 용기를 가져 보세요. 우리는 이 마음을 도구 삼아 내가 진짜 원하는 것을 찾고, 진정으로 사랑하는 사람이 누구인지 분별해 낼 수 있습니다.

여러분이 자신의 불안과 진정으로 친해질 수 있을 때 30대의 우여곡절과 여러 가지 시행착오가 쓸데없는 시간 낭비로 이어지지 않을 것입니다. 오히려 여러분의 삶에 좋은 열매를 가져다 줄 겁니다.

차례

1장
서른의 무의식에는
무엇이 담겨 있을까?
무의식과 꿈에 담긴 욕망과 소망 들여다보기

2장
꿈과 현실 사이에서
어떻게 중심을 잡을까?
자유, 책임, 행복을 위한 마음의 구조 이해하기

3장

관계, 일, 사랑
모두 잡을 수 있을까?

프로이트의 인생을 지탱하는 두 가지 힘

4장
세상에서 가장 소중한
나에게 필요한 말들
서른에게 프로이트가 말하다

Sigmund Freud

1장

서른의 무의식에는 무엇이 담겨 있을까?

무의식과 꿈에 담긴 욕망과 소망 들여다보기

01

서른의 불안 뒤에
숨겨진 진실들

"마음은 빙산과 같다.
그중 7분의 1이 물 위로 떠 있다."

　서른이 되면 많은 사람이 인생의 중요한 전환점을 맞이합니다. 커리어 성장, 경제적 안정, 가족 구성 등 다양한 문제에 직면하죠. 그리고 여기에서 불안과 갈등을 경험하기 마련입니다. 이때의 불안을 이해하고 다루기 위해서는 단순히 표면적인 감정 상태만 볼 것이 아니라 마음의 구조와 작동 원리를 들여다봐야 합니다.

　불안을 탐험하는 것은 자기 내면을 이해하고 마음 구조를 알아 가는 데 중요한 첫걸음입니다. 이를 통해 우리는 겉으로 드러나는 불안의 이면에 숨겨진 진짜 감정과 욕구를 발견할 수 있죠. 마치 차를 운전하는 것과 비슷합니다. 단순히 차를 타기만 하는 탑승객이 있는가 하면 차를 운전하고 심지어 길을 안내하는 사람도 있습니다. 길을 잘 알고 운전할 수 있다면 혼자서도 거뜬히 목적지에 도달할 수 있겠죠.

우리 마음도 같습니다. 마음에서 일어나고 벌어지는 일들을 단순히 경험하고 느끼는 데 그치지 않고, 마음의 구조를 알고 작동 원리를 깨달아야 합니다. 그러면 자신의 진짜 속마음과 소망, 욕구에 더 가까이 다가가 이해할 수 있고 현실에서 마음먹은 대로 살기가 훨씬 수월해질 것입니다.

흔들리지 않는
서른은 없다

서른이 되면 많은 이가 자기 의심과 불안정성을 느끼곤 합니다. 그중 K 씨도 대학을 갓 졸업했을 때만 해도 누구보다 자신감이 넘치는 사람이었지만, 30대에 들어서고 나서 자신의 능력과 미래에 대해 많은 의문이 들었습니다. K 씨 나름대로 최선을 다했다고 생각했지만, 막상 사회에 나와 보니 자신보다 유능해 보이는 이들이 왜 그리 많아 보이는지 모르겠습니다. 자신의 성취가 충분하지 않다는 느낌이 스멀스멀 듭니다. 또 '내가 제대로 된 길을 올바로 가고 있나?', '잘못된 길을 걷고 있는 것은 아닌가?' 하는 막연한 두려움이 살짝씩 올라올 때도 있습니다. K 씨는 이런 자신의 모습이 이상하게 여겨지고 스스로도 이해하기 어려웠습니다. 하지만 '자기 의심'이 과연 나쁜 걸까요? 정신적인 문제가 생기려는 징조일까요?

자기 의심은 누구나 살면서 겪을 수 있는 자연스러운 감정이라는 것을 명심할 필요가 있습니다. 사람은 자기 의심의 과정을 통해 더 나은 방향으로 나아갈 수 있는 동기를 얻기 때문입니다. 그러니 자기 의심을 너무 부정적으로만 보지 말고 성장의 기회로 받아들여서 잘 활용하는 것이 훨씬 중요합니다. 그래야 의심의 회오리에 갇혀 소득 없이 의심만 되풀이하는 상태를 면할 수 있습니다.

서른에 흔히 직면하는 미래에 대한 불확실성도 이렇게 생각해 보세요. 경제적 안정과 커리어의 성장은 보편적으로 중요한 목표입니다. 그러니 이를 이루고자 하거나 추구하는 과정에 들어서면 불안을 동반한다는 사실을 일단 수용하는 것입니다. 사람은 중요한 상황 앞에서 자연스레 긴장하기 마련이거든요. 자신에게 꼭 필요한 일, 매우 중요한 일을 앞두면 생리적으로 '각성 상태'가 되는 것이 사람의 특성 중 하나입니다.

중요한 일에 동반되는 불안을 이상하게 여기거나 그 자체를 무서워하지 않으면 오히려 '현실적 계획' 단계로 들어갈 수 있습니다. 미래에 대한 불확실성을 실질적으로 줄이기 위함이죠. 장기적인 목표도 설정해 볼 수 있고, 되든 안되든 달성하기 위한 구체적인 계획도 세워 볼 수 있습니다. 이를 통해 작은 목표들을 하나씩 달성하면서 자신감을 점검하고 키워 나가는 것도 좋은 방법입니다.

K 씨는 처음에는 자신감 넘치던 자신이 뭔가를 불안해하는 것 자체가 생소하고 낯설어서 당황했습니다. 하지만 이런 현상을 '인간이라면 누구나 겪을 수 있는 무언가'로 인식한 후 한결 마음이 편안해졌다고 합니다. 물론 마음을 편안하게 하는 것만이 전부는 아닙니다. 그다음 스텝이 훨씬 중요하죠.

그래서 K 씨는 '구체적인 목표와 계획 세우기'를 처음으로 시도해 봤습니다. 원래는 '뭐든 열심히 하면 된다'는 식으로 닥치는 대로, 주어지는 대로 성실하고 열정적이게 실행하는 데에만 몰두했는데 서른이 되면서 자신의 삶과 인생 목표, 가치관 등을 생각하고 공부하기 시작했습니다. 과정 하나하나가 K 씨에게 실제로 인생의 큰 전환점으로 작용했고, 그는 확실히 한층 성숙해지는 느낌을 경험할 수 있었습니다.

프로이트의
신호 불안 이론

그렇다면 불안이란 무엇일까요? 무엇이 불안을 일으키는 걸까요? 프로이트는 일생에 걸쳐서 그 답을 찾기 위해 노력했습니다. 프로이트만큼 인간의 불안을 깊이 이해한 사람은 없을 것입니다. 처음에 그는 성적 욕구가 외적인 좌절 혹은 내적인 억압 등에 의해 해소되지 못하면서 불안으로 변형된다고 생각했습니다. 하지만 후기에는 이 가설을 거의 포기하고 새로운 해답을 찾았습니다. 프로이트에 따르면 불안은 '장래에 닥쳐 올 위험에 대한 반응'입니다. 마음속 자아가 위험으로부터 자신을 보호하기 위해서 불안이라는 신호를 만들어 내는 것이죠.

인간이라면 누구나 겪는 다섯 가지 불안

프로이트는 인간이 경험하는 불안을 다섯 가지 상황으로 정의했습니다. 우리가 느끼는 모든 불안은 이 다섯 가지 유형으로 설명할 수 있으며, 어린 시절에 겪었던 위험 상황을 담고 있습니다. 인간은 출생 직후부터 다음과 같은 불안을 순차적으로 겪게 됩니다.

- 자기 소멸의 불안
- 대상 상실의 불안
- 사랑 상실의 불안
- 거세 불안
- 양심에 따른 처벌 불안

　타고난 본능적 욕구인 성적 욕구, 공격적 욕구는 이 다섯 가지 위험 상황을 초래할 수 있고 자신의 생존마저 위태롭게 할 수 있습니다. 따라서 자아는 이런 위험 상황을 미리 감지해 불안을 만들어 내고, 우리의 마음은 불안이라는 신호를 감지하면 본능적 욕구를 처리하기 위한 다양한 방어 기제를 작동합니다. 이것이 프로이트의 '신호 불안 이론'입니다. 어떤 사람들은 본능적 충동을 성숙하고 유연한 방어 기제로 조절하지만, 어떤 사람들은 지나치게 경직되고 미성숙한 방어 기제를 사용하면서 오히려 병적 증상을 겪기도 합니다. 프로이트의 정신 분석은 이런 방어 기제의 문제와 그에 따르는 병리 현상을 이해하고, 건강한 방어 기제를 찾도록 돕는 과정입니다.

현실적인 불안과 현실을 압도하는 불안

불안에는 두 가지 유형이 있습니다. 현실적 상황에 맞는 '현실 불안'과 현실적 상황에 맞지 않게 크고 강렬한 '신경증 불안'이 있습니다.

예를 들어 어린아이가 잘못을 해서 부모님이 혼내고 벌을 줄까 봐 불안해하는 것은 현실 불안입니다. 하지만 어른이 되어서 심지어 부모님이 돌아가신 후에도 자신이 잘못해서 혼날까 봐 처벌 불안에 시달린다면 신경증 불안입니다.

K 씨는 자신이 뒤처질까 봐 몹시 불안해하고 있습니다. K 씨의 불안은 현실적인 측면도 담고 있지만, 낙오되는 것에 대한 불안은 신경증 수준으로 매우 강렬합니다. K 씨의 자기 의심은 무의식 속에 억압된 어린 시절의 경험과 관련되어 있을 수 있습니다. 그동안에는 성공과 성취를 통해 이런 불안과 자기 의심을 억압하거나 부인할 수 있었지만, 30대에 접어들며 성취가 어려워졌습니다. 그러자 어린 시절 부모님의 과도한 기대에 부응하지 못했던 기억과 그로 인한 깊은 상처가 무의식에서 의식의 수면 위로 다시 떠올랐습니다.

실패의 고통스러운 기억이 현재의 상황과 연결되면서 더욱 강한 불안을 느끼게 된 것입니다. 특히 한국 사회는 외적인 성장을 강조하고, 비교를 통해 가치를 정하는 경쟁 문화가 자리 잡고 있습니다. 이것이 K 씨의 불안을 증폭시킨 것이죠.

프로이트의 구조 이론에 따르면 우리의 마음은 세 가지 요소로 구성됩니다. 이드(Id)는 본능적 욕망을 나타내며 즉각적인 만족을 추구하고, 초자아(Superego)는 사회적 규범과 도덕적 기준을 반영해 우리가 어떻게 행동해야 하는지에 대한 기준을 설정합니다. 자아(Ego)는 이드와 초자아 사이에서 균형을 맞추고 현실 세계에서 타협을 찾는 역할을 합니다.

따라서 사회적 기대와 압박은 K 씨 마음속 초자아를 더 가혹하게 자극해 사회의 기준에 미치지 못한 자신을 심하게 공격하고 더 큰 불안과 죄책감, 자기 비난을 일으켰던 것입니다.

자신의 속도로 걷는 사람은
뒤처질 일이 없다

그렇다면 프로이트는 K 씨에게 어떤 조언을 해 줄 수 있을까요? 앞서 프로이트가 말한 다섯 가지 불안 상황을 적용해 봅시다. 아마도 프로이트는 K 씨에게 뒤처진다거나 낙오된다는 것이 무엇을 의미하는지 깊이 생각해 보라고 할 것입니다. 신경증 불안의 뿌리에는 K 씨가 어린 시절에 겪은 고통과 해결되지 않은 갈등이 있을 거예요.

예를 들어 K 씨의 무의식에서 낙오된다는 것은 자신의 존재가 상실되는 철저한 무기력 상태를 의미할 수 있습니다. 혹은 K 씨의 특별함이 한순간에 사라져 무능한 사람이 되는 소위 '거세 된 상태'를 뜻할 수도 있습니다. 또한 경쟁에서 뒤처지면 부모로부터 버림받거나 부모의 사랑을 잃는 위기를 의미할 수도 있죠. 마지막으로 그에게 있어 실패와 낙오는 결코 용서받지 못할 큰 죄를 의미할 수도 있습니다.

이렇게 불안의 무의식적 의미를 알면 심리적 공포와 실제 위험을 구분할 수 있어 극심한 신경증 불안에서 자유로워질 수 있습니다.

서른의 불안은 단순히 표면적 증상이 아닙니다. 그 너머에는 깊고 복잡한 내면의 갈등과 감정들이 숨겨져 있으니 불안 그 자체를 이상하고 낯선 무언가로 바라보지 않기를 바랍니다. 그 대신 인간이라면 누구나 겪을 수 있는 마음의 현상, 작동과 연관해서 생각해 보세요.

프로이트에 따르면 불안은 무의식 속에 억압된 과거의 경험, 자아와 초자아와의 갈등 그리고 여러 가지 현실적인 문제들이 방아쇠가 되어 발생합니다. 사회적 기대와 비교도 서른의 불안을 증폭시키는 주요 요인이라는 것을 기억하면 좋겠습니다.

현대의 많은 30대가 자신을 친구들이나 동료들과 비교하며 뒤처지고 있다고 느낄 때 불안을 경험합니다. 이때 겉으로 드러나는 감정은 비교에서 비롯된 열등감이나 실패에 대한 두려움인데요. 이 감정에서 벗어나기 위해서는 자기만의 속도를 인정하는 것이 최선입니다. 다른 사람과의 비교 자체는 피할 수 없지만 〈토끼와 거북이〉 이야기를 기억하며 자신만의 속도를 체크하고 인정하는 것이 중요해요.

각자의 인생은 고유하며, 성공의 기준도 다릅니다. 자신만의 강점과 약점을 인정하고, 자신만의 목표를 세우는 것에 집중하세요. 서른의 불안을 성장과 자기 발견의 기회로 받아들이고, 이를 통해 더 나은 자신을 만들어 나가길 바랍니다.

"겉으로 보이는 불안 너머에 여러분에 관한 진짜 진실이 있음을 명심해야 합니다."

O2
어린 시절의 경험이
현재의 감정을 만든다

30대에는 이전보다 다양한 감정을 마주합니다. 10대와 20대 때 감정이 훨씬 더 풍부하고 강렬하다고 생각할 수 있지만, 30대의 감정은 그 이전과는 사뭇 다른 면이 있습니다. 무엇보다 감정을 다루는 방식도 달라집니다.

20대 때는 감정이 즉각적이고 강렬하게 느껴지며 이를 표현하거나 해소하는 방법도 더 직접적입니다. 이 시기에는 감정이 터져 나오는 대로 표현하거나 충동적으로 행동하는 경우가 많죠. 그러나 30대가 되면 감정은 단순하고 강렬한 것에서 복잡하고 다층적인 것으로 변화합니다. 그리고 이런 감정들을 어떻게 다뤄야 할지 고민하게 됩니다. 이제는 감정을 단순히 느끼고 표현하는 것에서 나아가 그 감정의 근원을 이해하고, 장기적인 관점에서 이를 어떻게 처리해야 할지 생각하게 됩니다.

특히 서른 즈음에는 이드, 자아, 초자아 간의 내적 갈등이 복잡하게 나타납니다. 이드는 더 큰 자유와 개인적 욕망의 실현을 추구하려 하지만, 초자아는 사회적 책임과 도덕적 의무를 강조하며 이를 억제하려 합니다. 자아는 이런 갈등을 조율하고 타협점을 찾아야 하죠. 이 과정에서 감정은 더욱 복잡해지고 때로는 불안, 슬픔, 분노, 수치감 같은 강렬한 감정으로 표출될 수 있습니다.

차곡차곡 쌓이는 책임,
이리저리 얽히는 갈등

30대에는 직장, 가족 등 다양한 관계에서 맡는 책임이 늘어나면서 감정 조절의 중요성도 커집니다. 감정을 단순히 느끼고 표현하는 것을 넘어서 더 나은 선택과 행동을 위해 감정을 관리하고 조율해야 하죠. 하지만 이로 인해 감정을 억누르거나 숨기려는 경향이 생기기도 하는데, 이것이 더 큰 불안과 스트레스를 유발할 수 있습니다.

현실적인 문제들이 더 뚜렷하게 나타나는 서른에는 다양한 갈등이 겹겹이 쌓이며 감정의 복잡성을 더욱 심화시키고는 합니다. 직장에서의 성취와 실패, 인간관계에서의 갈등, 경제적 압박 등 현실에서 마주하는 다양한 문제가 이드와 초자아 간의 갈등을 자극하죠. 자아는 이런 압박 속에서 균형을 맞추려 애씁니다. 이로 인해 감정은 내면에서 복잡하게 얽힌 갈등의 결과로 나타나게 되죠.

서른에 접어든 많은 사람이 자신의 모습이 못나 보이고, 부족하다는 생각에 시달리고는 합니다. 주변의 성공과 비교하면서 자신이 뒤처진다고 느끼고, 이를 자책하는 경우도 많아지죠. 이런 열등감은 사회적 기대와 현실의 간극에서 비롯되고, 나이가 들면 그 압박이 더욱 커지기 마련입니다.

취업, 결혼, 재정 상태 등 다양한 영역에서 자신이 충분하지 않다고 느낄 때 상대적 비교는 불가피하게 다가옵니다. 그러나 타인과의 비교와 자책은 스스로를 더 깊은 불안과 우울로 몰아넣을 수 있어요. 이 시기에 중요한 것은 자신의 감정을 돌아보고 자신이 진정으로 무엇을 원하는지, 자신의 가치를 어떻게 찾을 수 있는지에 대해 주목하는 것입니다.

결국 30대의 감정은 20대 때와는 달리 더 복합적이고 다이내믹하게 느껴진다는 것을 잘 이해하면 좋겠어요. 단순히 나이가 들었기 때문만이 아니라 삶의 여러 측면에서 더 많은 역할과 책임을 맡으면서 내적 갈등이 더 빈번하고 강하게 나타나기 때문입니다. 따라서 프로이트의 구조 이론을 통해 복잡한 감정의 뿌리를 이해하면 왜 지금이 그토록 감정적으로 도전적인 시기인지 더 잘 이해할 수 있을 것입니다.

감정은 사라지지 않고
어떤 모양새로든 다시 나타난다

여러 감정으로 마음이 복잡할 때, 특히 괴로움을 느낄 때 우리는 흔히 그 감정이 사라질 때까지 참고 기다립니다. 괴로운 감정을 잊기 위해 잠을 자거나, 게임을 하거나, 음식을 먹거나, 술을 마시기도 하죠. 그러면 어느새 그 괴로움이 사라진 것처럼 느껴지기도 합니다. 하지만 감정을 억누르거나 잊으려는 것이 정말 최선의 방법일까요?

프로이트의 답은 '아니오'입니다. 그에 따르면 억압된 감정 경험은 단순히 사라지는 것이 아닙니다. 무의식에 남아 있다가 언제든 다시 표면으로 떠오를 수 있습니다. 사라진 듯 보여도 의식에만 떠오르지 않을 뿐 억압된 감정과 갈등, 연관된 기억과 생각들은 여전히 우리의 마음에 영향을 미치며 다른 형태의 증상이나 행동, 실수, 꿈 등을 통해 표출될 수 있습니다.

프로이트는 어떻게 이것을 단언할 수 있었을까요? 그가 인간의 마음, 특히 무의식이 어떻게 작동하는지를 매우 체계적으로 이해했기 때문입니다.

첫 출발은 히스테리 환자들에 대한 연구였습니다. 프로이트는 브로이어와 함께 쓴 《히스테리 연구》(1895년)라는 책에서 인간의 마음은 의식과 무의식으로 분리 혹은 해리되어 있으며, 이는 신경증 환자뿐 아니라 누구에게나 해당한다고 말했습니다.

이 현상을 드라마틱하게 보여 주는 것이 히스테리 증상이었습니다. 견디기 어려운 심리적 갈등은 의식에서 분리돼 무의식에 남는데요. 히스테리 증상은 기억하지는 못하지만 억압된 경험이나 감정이 다양한 신체 증상이나 행동 패턴으로 나타나는 것을 말합니다. 최면과 카타르시스(감정 정화) 기법은 무의식에 억압됐던 감정과 기억을 의식화하고, 해리된 부분을 통합하는 치료 방법이었습니다. 《히스테리 연구》에서 정신의 해리를 논의한 부분은 히스테리 증상의 기원과 메커니즘을 이해하는 데 중요한 기초가 됐고, 이후 프로이트의 무의식 이론 발전에 중요한 역할을 했습니다.

그렇다면 무의식은 어떻게 작동하는 걸까요? 프로이트 이론에서 무의식은 인간의 정신 활동에서 중요한 역할을 하며, 특정한 작동 원리를 따릅니다. 그는 그중에서도 쾌락 원칙과 일차 과정이라는 두 가지 작동 방식을 발견하고, 무의식에서 방어 기제가 어떻게 작동하는지 제시했습니다.

이것을 자세히 설명한 책이 프로이트의 《꿈의 해석》입니다. 이 책은 1899년에 처음 출판되었고, 프로이트의 무의식 이론과 꿈의 분석에 대한 기초를 제공했습니다. 특히 이 책의 일곱 번째 장에서는 무의식의 작동 원리와 꿈의 해석에 대해 깊이 다루고 있죠. 무의식의 작동 원리에 대한 이해는 프로이트의 정신분석 이론의 핵심으로, 인간의 행동과 사고의 근본적인 이해를 돕는 중요한 개념입니다.

쾌락 원칙

무의식은 쾌락 원칙을 따릅니다. 즉 고통을 피하고 본능적인 욕망과 충동을 즉각적으로 추구하는 것이죠. 현실적인 제약이나 도덕적인 고려는 무시합니다. 이런 본능적 욕망이 현실적인 여건과 충돌할 때 억압 등의 방어 기제가 작동해 그 욕망을 무의식 속에 남아 있게 합니다.

일차 과정

일차 과정은 무의식에서 생각하는 방식입니다. 논리적이고 현실적인 이차 과정 사고와는 다릅니다. 일차 과정의 특징은 다음과 같습니다.

• 논리의 부재

무의식은 논리적 일관성을 따르지 않습니다. 무의식적인 사고에서는 모순이 허용되고, 부정이 없습니다. 무의식에는 시간과 공간의 물리적 규칙이 무시됩니다.

• 상징화

무의식적 욕망은 상징을 통해 표현됩니다. 즉 무의식적인 내용은 직접적인 형태가 아닌 상징적 이미지나 이야기로 나타날 수 있습니다.

• 함축과 전치

무의식은 여러 개의 생각이나 이미지가 하나의 상징으로 함축될 수 있으며 특정 대상에 대한 감정, 생각, 이미지가 다른 대상으로 전치될 수 있습니다.

• 이미지로서의 언어

무의식에는 오직 사물의 이미지만 존재하고, 이미지가 언어의 역할을 합니다. 예를 들어 엄마를 잃어버린 아이는 엄마의 이미지를 산절히 찾을 뿐 '나는 지금 엄마를 찾고 있다'고 생각하지 않습니다.

무의식의 방어 기제

무의식 또한 방어 기제를 통해 작동합니다. 방어 기제는 고통스러운 기억, 충동, 욕망을 의식적으로 받아들이기 어려운 경우, 이를 억압하거나 왜곡해 무의식에 머물게 하는 심리적 메커니즘입니다. 예를 들어 '억압', '부정', '투사' 등이 있습니다.

억압은 내면에서 불편한 감정이나 기억을 없었던 것처럼 무의식 속에 눌러 숨기는 것을 말합니다.

부정은 받아들이기 힘든 현실 자체를 부인하며 존재하지 않는 것처럼 여기는 것을 뜻합니다.

투사는 자신이 받아들이기 어려운 감정이나 갈등, 충동을 다른 사람에게 떠넘겨 마치 그것이 타인의 것인 양 여기는 것을 의미합니다.

이 모든 현상은 무의식적으로 일어나기 때문에 우리는 이를 의식하지 못할 뿐 거짓말을 하거나 속이는 것이 아닙니다.

지금 느끼는 감정에는
과거의 경험이 숨어 있다

우리는 매 순간 의식과 무의식의 영향을 동시에 경험합니다. 무의식은 우리 마음속 깊이 감춰진 '중요하지만 다루기 어려운 감정의 경험들이 저장된 세계'라고 할 수 있죠. 무의식에는 과거의 경험과 기억들이 무질서하게 남아 있습니다. 이 감정 경험들이 우리가 의식하지 못하는 사이에 영향을 미치면 관련된 감정들이 의식의 수면 위로 자연스럽게 떠오르는 것입니다.

예를 들어 많은 사람이 새 직장에 출근하기 전에 심한 불안감에 시달립니다. 우리는 의식적으로 새 직장에 대한 모든 정보를 다 알고 있고, 그곳이 실제로 위험한 곳이 아니라는 것을 알고 있습니다. 하지만 자꾸만 마음속에 상사나 동료들에게 비난받거나 소외당하는 장면이 떠오르죠. 왜 그럴까요?

이는 우리가 무의식 속에 저장해 둔 과거의 경험과 관련이 있습니다. 만약 과거에 엄격하고 비판적인 부모 밑에서 자랐다면 그 부모의 모습이 직장 상사에게 투영될 수 있습니다. 마찬가지로 경쟁적이고 나를 무시했던 형제나 친구들의 모습이 직장 동료들에게 투영되어 두려움을 느낄 수 있죠.

프로이트는 이를 어린 시절의 감정 경험이 현재의 다른 대상을 향해 그대로 나타나는 현상으로 정리하고, '전이'라고 불렀습니다. 감정의 원인이 현재의 상황이 아니라 과거의 경험에서 비롯된 것임을 이해할 때 불안감은 좀 더 견딜 만한 수준으로 줄어듭니다. 그리고 우리는 이런 이해를 바탕으로 두려움을 조금씩 극복하며 불확실한 상황에 더 용기 있게 다가갈 수 있습니다.

30대가 되면 10대와 20대와는 달리 감정을 경험하고 다루는 방식이 달라진다는 것을 이해하고, 그에 맞는 해법을 찾는 것이 중요합니다. 이제는 괴로운 감정을 지우거나 덮어 두기보다 그 감정을 꺼내어 마주하고 다룰 수 있는 힘을 키워 가야 할 때입니다. 그래야 조금 더 내적으로, 정서적으로 깊이 있는 오늘을 만들어 갈 수 있어요. 그리고 소모적이고 괴로운 열등감, 비교에서 오는 무력감의 함정에 빠지지 않을 수 있답니다. 서른을 위한, 자신만의 감정 설명서를 찾고 만들어 가는 것 또한 지금 해야 할 중요한 과제 중 하나입니다.

"불안이라는 얼룩을 씻어 내는 자신만의 노하우를 만들어야 합니다."

03 ____

꿈은 숨겨진 마음을
들여다보는 창이다

"꿈은 당신의 마음을
깊이 이해할 수 있는 왕도다."

　프로이트는 무의식 연구를 통해서 변하지 않는 인간의 본질이 '욕망'과 '소망'이라는 것을 알게 됩니다. 그는 인간의 가장 집요한 소망은 유아기(어린 시절)의 소망이며, 사회적으로 허용되지 않기 때문에 무의식 속에 교묘하게 감춰져 있다고 생각했습니다.

　환경과 제도에 의해 금지된 유아기의 소망들은 우리의 무의식에 억압되고, 길들여지지 않은 상태로 남아 있습니다. 이 소망들은 노골적이고 난폭하며, 현실을 고려하지 않고 결코 만족을 미루려 하지 않습니다. 이런 무의식의 활동 상태를 프로이트는 '일차 과정'이라고 불렀습니다. 인간은 발달을 거치면서 현실의 한계를 받아들이고, 생각과 논리적 계산을 통해 만족을 미루는 능력을 갖추게 됩니다. 이런 의식의 상태를 '이차 과정'이라고 부릅니다.

우리는 흔히 스스로를 이성적이고 합리적이라고 생각합니다. 자신의 이차 과정을 믿기 때문입니다. 하지만 프로이트는 무의식의 일차 과정, 즉 욕구와 소망을 추구하려는 힘을 절대로 간과하지 말라고 경고했습니다. 무의식적 소망들은 언제나 활동 상태이며, 시간이 지나도 사라지지 않기 때문입니다. 이것을 분명하게 보여 주는 증거가 바로 '꿈'입니다.

숨겨진 욕망과
현실의 한계를 발견하다

D 씨는 30대 중반의 직장인으로, 최근 회사에서 승진 경쟁이 치열해져 스트레스를 받고 있습니다. 그는 항상 더 높은 위치에 오르고 싶어 하지만 경쟁자들의 능력과 자신의 한계 때문에 초조감을 느끼고 있습니다.

어느 날 밤, D 씨는 한 꿈을 꿉니다. 그는 꿈에서 거대한 산을 올랐습니다. 정상에는 찬란하게 빛나는 금색 트로피가 있었고,

그는 그 트로피를 꼭 손에 넣고 싶었습니다. 하지만 산을 오르는 길은 매우 험난했고, 여러 번 미끄러졌습니다. 게다가 기어코 정상에 거의 다다랐을 때 갑자기 누군가가 뒤에서 밀어 다시 아래로 떨어지고 말았습니다. 몇 차례 반복하며 진이 빠진 D 씨는 꿈에서 깨어난 후 이 꿈이 무엇을 의미하는지 궁금해졌습니다.

프로이트의 이론에 따르면 꿈은 무의식을 반영하며 욕망과 갈등을 드러냅니다. D 씨가 꿈에서 산을 오르는 것은 그의 승진 욕구와 목표를 상징하고, 금색 트로피는 그가 원하는 성공과 인정을 의미합니다. 그러나 산을 오르는 길이 험난하고, 여러 번 미끄러진 것은 그의 불안과 좌절감을 반영합니다. 특히 누군가가 뒤에서 밀어서 떨어지는 장면은 D 씨가 느끼는 경쟁과 압박 그리고 외부 방해 요인, 주변 인물들을 상징하죠.

D 씨는 이 꿈을 통해 가장 큰 소원이 직장에서의 성공이라는 것을 알 수 있었습니다. 동시에 그는 경쟁과 실패에 대한 두려움을 갖고 있으며, 이런 감정들이 자신의 무의식에 깊이 자리 잡고 있다는 것도 깨달을 수 있었죠. D 씨는 꿈을 통해 자신의 욕망과 불안을 보다 명확히 인식할 수 있었고, 이를 어떻게 다룰지 생각할 수 있는 기회를 얻었습니다. 이렇듯 꿈은 우리 마음의 깊은 곳을 들여다볼 수 있는 창인 것입니다.

프로이트, 꿈속의 꿈을
파헤치다

꿈은 단순히 밤의 상상이 아니라 우리 마음속 깊이 숨겨져 있는 무의식적 욕망과 충동이 표현되는 특별한 현상입니다. 프로이트는 무의식적 소망이 꿈을 통해 상징적으로 나타난다고 주장했으며, 꿈을 해석하면 자신의 무의식 세계를 이해할 수 있다고 말했습니다.

그는 꿈을 두 가지로 나눴고 각각의 작동 원리를 이해할 수 있다고 생각했습니다. 우리가 기억하는 꿈을 '발현몽'이라고 했고, 발현몽 안에는 숨겨져 있는 진짜 꿈인 '잠재몽'이 있다고 했습니다. 잠재몽은 대부분 불쾌하거나 위협적이기 때문에 자아는 꿈 작업을 통해 원래 내용을 적당하게 변형시킵니다.

이 과정에서 자아가 사용하는 기술인 방어 기제가 있는데요. 여러 가지 내용을 한 가지로 합치는 '압축', 불편한 감정을 덜 위험한 대상에게 향하도록 하는 대상의 '전치', 불편한 대상을 다른 대상으로 바꾸는 '대치', 생각을 이미지로 변형시키는 '상징화'가 꿈 만들기 작업에 동원됩니다. 또 꿈에서 깨어난 후 자신의 꿈 내용을 그럴 듯한 이야기로 만드는 '두 번째 각색'이 일어나기도 합니다. 우리가 꿈을 꾸는 목적은 무의식적 소망을 충족하는 것입니다. 이에 더해 과거 혹은 현재 일어나고 있는 심리적으로 불편한 경험을 해결하거나 감정적인 문제를 해결하려는 목적도 있습니다.

프로이트는 꿈의 재료가 되는 세 가지를 발견했습니다.

첫 번째는 수면 시에 듣는 소리나 감각적인 자극입니다. 잠을 잘 때 배고픔 같은 신체 상태가 꿈에 영향을 미칩니다.

두 번째는 당일 혹은 며칠 전에 경험한 중요한 사건들입니다.

세 번째는 어린 시절에 경험한 욕구나 좌절 경험 등입니다.

프로이트는 자신의 꿈을 어떻게 분석했을까요? 그 과정에서 어떤 심리적 갈등을 마주했는지 그의 꿈을 살펴봅시다.

1. 발현몽

"언덕 위에 옥외 변소 같은 것이 있다. 변기가 있는데 매우 길고 끝 부분에 커다란 배변구가 입을 벌리고 있었다. 대변 덩어리들이 구멍 주변에 두껍게 쌓여 있었는데 대변 덩어리들은 큰 것과 작은 것, 오래된 것과 금방 본 것들이었다. 변기 뒤로는 작은 나무숲이 있었다. 나는 변기 위에 올라서서 소변을 갈겼다. 긴 오줌 줄기가 모든 것을 깨끗이 씻어 내렸다. 말라붙은 대변 덩어리들도 쉽게 씻겨서 구멍 속으로 떨어져 나갔다. 그래도 아직 끝부분에 잔여물이 조금은 남아 있는 것 같았다."

2. 꿈에 대한 자유 연상

프로이트는 이 꿈을 연상하면서 먼저 그리스 신화의 영웅 헤라클레스가 말구유를 청소하는 장면을 떠올렸습니다. 꿈속에서 프로이트는 모든 너러움을 깨끗이 씻어 내는 강력한 힘을 가진 헤라클레스가 된 것 같은 느낌을 받았습니다. 세차게 나가는 그의 오줌 줄기는 프로이트 자신의 위대한 힘을 나타냅니다.

이 꿈은 전날 있었던 사건과 연결되는데요. 전날, 프로이트는 '히스테리와 성도착'에 대한 강의를 했습니다. 인간의 추악한 일면을 계속해서 말해야 하는 것이 지루했고, 강의장에서 벗어나고 싶었죠. 강의를 마친 후 식사를 하려고 나서는데 한 청중이 다가와서 프로이트를 붙잡고 "선생님은 신경증의 오류와 편견으로 더럽혀진 마구간을 청소하신 분이십니다. 선생님은 위대하십니다!"라며 과도하게 찬사했습니다. 이 아부 때문에 프로이트는 혐오감을 느껴 재빨리 그곳을 빠져나왔습니다.

3. 잠재몽

이 꿈은 겉보기에는 대변, 소변 같은 오물이 나오지만 프로이트는 꿈을 해석하며 혐오감을 느끼지 않았고 오히려 기분이 좋았다고 고백합니다. 그의 꿈에는 낮 동안 느꼈던 지루함과 불쾌함을 씻어 내고 반대의 감정으로 전환하려는 욕구가 드러나 있었던 것이죠. 변소와 대변은 억압된 무의식의 불쾌한 내용을 상징합니다. 꿈에서 프로이트는 무의식 속에 억압된 감정과 욕망을 깨끗이 씻어 내고자 하는 욕구를 표현하고 있었습니다.

"발현몽은 불쾌한 이미지들로 가득했지만, 이 꿈을 만든 잠재몽에는 내가 자랑스러운 사람이 되고 싶은 소망이 담겨 있었다. 또한 낮 동안의 지루함과 불쾌함을 씻어 버리고 반대의 감정으로 가고자 하는 소망도 담겨 있었다."

그는 꿈을 통해 자신의 무의식 속 깊은 욕망과 갈등을 마주할 수 있었습니다.

어젯밤 꾼 꿈에
내일의 소망이 숨어 있다

프로이트는 꿈을 무의식의 창이라고 보고 그의 저서 《꿈의 해석》에서 꿈 분석 기법을 제시했습니다. 꿈은 숨겨진 욕망과 갈등을 이해할 수 있는 도구로서 평소에 접근하지 못하는 무의식에 다가가는 길을 열어 줍니다.

프로이트는 철저하게 꿈꾼 사람의 연상으로부터 나온 해석만

이 타당하다고 했습니다. 그래서 꿈의 분석 작업은 꿈꾼 사람의 연상을 통해 발현몽에서 잠재몽을 찾아가는 과정이라고 할 수 있습니다. 연상을 하다 보면 점차 나의 소망과 욕구가 무엇인지가 그려지죠. 프로이트는 이런 작업에 도움이 되는 네 가지 방법을 제안했습니다.

첫 번째, 꿈을 얘기한 순서대로 꿈에 대해 연상합니다.

두 번째, 꿈 내용 가운데서 특별히 인상적인 부분, 유난히 선명한 부분, 구어체로 대화식 표현이 나온 부분을 선택해서 좀 더 연상하고 해석 작업을 시작합니다.

세 번째, 연상이 충분히 진행되면 처음 기억했던 발현몽을 완전히 무시하고, 연상한 내용들과 관련해 마음속에 떠오르는 것들이나 전날 있었던 사건들을 떠올려 봅니다.

네 번째, 꿈에 대한 연상에 익숙해졌다면 어떤 지침이나 방향을 제시하지 않고 자유롭게 연상해 나가도 좋습니다.

그의 유명한 '이르마의 주사 꿈'을 통해 당시 프로이트의 내면으로 들어가 볼까요? 이 꿈은 프로이트가 《꿈의 해석》에서 분석한 첫 번째 꿈이자, 무의식의 갈등을 이해하는 데 중요한 역할을 한 꿈입니다.

1. 꿈의 내용

프로이트는 꿈에서 자신의 환자인 이르마를 치료하고 있었습니다. 이르마는 고통스러워했고, 프로이트는 그를 걱정하며 목구멍을 들여다봤습니다. 그는 이르마의 목구멍 깊숙이 고름 같은 이상한 물질이 있는 것을 발견했고, 여러 동료 의사가 나타나 이르마의 상태에 대해 논의했습니다. 한 동료 의사는 이르마의 상태가 프로이트가 제공한 주사 때문이라고 주장했습니다.

2. 꿈의 배경

꿈에서의 이르마는 당시 프로이트가 치료했던 실제 환자들을 통합한 상징적인 인물로 볼 수 있습니다. 그가 치료 과정에서 느꼈던 불안, 죄책감, 책임 회피 등 복합적인 감정을 반영한 꿈인 것이죠. 특히 실제 히스테리와 관련된 증상으로 프로이트의 치료를 받고 있었던 엠마 엑스타인의 사건과 연관이 깊습니다.

프로이트는 당시 코와 생리 주기, 히스테리 사이에 연관성이 있다는 설을 믿고, 엠마에게 코 점막의 과민성을 완화하기 위한 코 점막 절제술을 권했습니다. 수술은 매우 가까운 친구이자 학문적 동료였던 의사 빌헬름 플리스가 집도했습니다. 그런데 플리스가 거즈를 코 안에 남겨 두고 봉합하는 심각한 실수를 범했습니다. 이로 인해 엠마의 코에서는 심한 출혈이 있었고, 그는 심각한 합병증으로 큰 고통을 겪게 되었습니다. 프로이트가 상황을 알아차리고 다른 외과 의사를 불러 거즈를 제거해 문제는 해결했지만 이 사건은 프로이트에게 깊은 충격을 줬죠.

사실 프로이트는 개인적으로 혹은 학문적으로 플리스에게 큰 영향을 받았고, 그의 의견을 매우 존중한 나머지 이상화하는 경향이 있었습니다. 그러나 엠마 엑스타인의 수술 실패와 그로 인한 합병증은 프로이트가 플리스의 의학적 판단에 심각한 의문을 품게 만들었고 그에 대한 신뢰가 흔들리는 계기가 되었습니다. 프로이트는 친애하던 자신의 동료가 심각한 의료 사고를 저질렀다는 사실을 직면하기가 무척 어려웠을 겁니다. 그가 느낀 혼란스러움과 실망이 이르마의 꿈을 통해 나타났다고 볼 수 있죠.

3. 꿈 해석 및 꿈과 연결된 감정들

• 책임 회피

꿈속에서 다른 의사들이 이르마의 상태를 설명하는 것은 프로이트가 자신의 책임을 다른 사람들에게 돌리려는 무의식적 욕구를 나타냅니다.

• 불안과 죄책감

엠마의 수술 실패에 대한 괴로움이 꿈에서 나타납니다. 자신이 준 주사로 인해 환자가 고통받고 있다는 주장은 자신의 치료가 환자에게 해를 끼쳤을 수 있다는 불안과 죄책감을 느끼고 있음을 나타내죠. 또 그가 자신의 치료가 완벽하지 않음을 인정하는 것도 어려워했다는 것을 시사합니다.

• 이상화의 붕괴

꿈에서 등장하는 동료 의사들은 프로이트의 실제 동료들, 특히 플리스를 상징할 수 있어요. 그 밖에 프로이트가 동경하거나 의지했던 의사들을 의미하기도 합니다. 이들과의 관계에서 생기는 심리적 갈등은 꿈에서 다른 의사들이 이르마의 상태를 설명하는 장면을 통해 드러납니다.

• 소망 성취

프로이트는 꿈에서 이르마의 상태에 대해 정확한 진단을 내림으로써 자신의 전문성과 능력을 확인하려는 무의식적 소망을 반영합니다. 그의 자아가 자신의 능력과 판단력을 보호하려는 시도로 볼 수 있어요.

• 억압된 욕구

꿈속의 고름 같은 물질은 억압된 욕구와 감정을 상징합니다.

이르마의 목구멍에서 발견된 이상한 물질은 프로이트가 복잡한 감정을 해소하고자 하는 욕구를 나타냅니다.

프로이트의 '이르마의 주사 꿈'은 그의 무의식적 갈등과 불안, 욕망을 이해하는 데 중요한 단서입니다. 이 꿈은 그가 자신의 내면에서 경험한 책임 회피, 이상화된 동료들에 대한 실망이나 무너진 신뢰 등을 반영하고 있습니다. 그리고 프로이트는 이를 통해 자신의 심리적 갈등을 해소하려고 했죠. 그에게 꿈은 단순히 환상이 아니라 무의식의 진실을 드러내는 중요한 창이었으며, 꿈을 해석함으로써 어려운 감정을 처리하고 이해할 수 있었습니다.

그러니 여러분도 자신의 마음 상태가 너무나 궁금하다면, 가장 원하는 소원과 소망을 알고 싶다면 자신의 무의식을 반영하는 꿈에 관심을 가져 보세요. 꿈에는 여러분의 욕망이 숨겨져 있고, 평소에 맨 정신으로 마주하기 어려운 감정들이 솔직하게 담겨 있습니다. 힘들다고 외면하기보다 용기를 내어 무의식을 들여다볼 수 있게 해 주는 꿈이라는 창을 통해 진짜 속마음을 만나고 자신과 더욱 가까워질 수 있으면 좋겠어요.

D 씨의 사례처럼 꿈을 통해 자신의 욕망과 불안을 이해하면

자신의 마음을 더 잘 알 수 있습니다. 꿈의 내용뿐만 아니라 꿈을 회상하는 과정에서 일어나는 생각과 연상도 내 마음에 관한 중요한 진실을 담고 있다는 것을 잊지 마세요. 지난밤의 꿈을 분석하고 이해함으로써 앞날을 향한 자신의 진짜 꿈을 발견하게 될지도 모릅니다.

"꿈은 자신이 본능적으로 욕망하는 모습을 보여 줍니다. 어젯밤의 꿈을 흘려보내지 말고 자세히 들여다봐야 해요."

04

감정은 표현하지 않으면
해로운 행동으로 나타난다

"말에는 마법 같은 힘이 있다.
말은 인간에게 강력한 영향을 미치는 가장 보편적인 도구다."

말과 글은 우리의 마음을 표현하고 이해하는 데 중요한 도구입니다. 프로이트는 감정을 언어화하는 과정이 불안을 다루는 데에 매우 중요하다고 강조했습니다. 감정이 언어화될 때 우리는 그 감정을 더 잘 이해할 수 있고, 감정을 해소할 수 있습니다. 프로이트의 정신 분석도 말과 대화에 바탕을 두고 있으며, 자유 연상을 통해 마음을 탐색하는 것을 추구합니다. 언어화의 과정에 뿌리를 두고 있는 것이죠. 그렇다면 왜 불안을 꼭 말로 표현해야 할까요?

불안을 말로
표현해야 하는 이유

• 이해와 통제

불안은 우리가 느끼는 다양한 감정 중에서도 가장 모호하고 복잡한 감정입니다. '초조함', '혼란스러움', '신경질', '두려움', '안절부절못함' 등 불안을 묘사하는 단어들은 많지만, 불안의 본질은 여전히 그 실체를 파악하기 어렵습니다. 불안은 두려움과 달리 그 대상이 명확하지 않기 때문에 우리는 불안이 발생했을 때 무엇을 피해야 할지조차 모르는 상황에 놓입니다. 그래서 불안을 언어로 표현하는 것이 더욱 중요한 것이죠. 불안의 원인과 본질을 파악하려면 머릿속에 떠오르는 연관된 단어들을 따라가며 불안을 조금씩 구체화하는 과정이 필요합니다.

예를 들어 서른에 들어서서 막연한 불안을 느끼는 사람이 있다고 해 봅시다. 이때 일기를 써 내려가면서 그 원인을 탐구하다 보면 그 불안이 직장 내 갈등이나 미래에 대한 불확실성에서 기인한 것임을 깨달을 수 있습니다. 이렇게 불안을 언어로 표현하고 분석하면 우리는 불안을 통제할 수 있는 능력을 키울 수 있습니다. 감정이 명확해지면 그 감정을 어떻게 관리하고 대처할지 전략을 세울 수 있습니다. 결국 불안에 휘둘리지 않고 불안을 다스릴 수 있는 주체가 될 수 있는 길이 열리는 것이죠.

• 감정 해소

'환기'라고 들어 보셨나요? 창문을 열어 방 안 가득한 퀴퀴한 공기를 순환시키듯 우리 감정도 '환기구'가 필요합니다. 불안 같은 감성은 억압되거나 제대로 표현되지 않으면 내면에 점점 쌓여 더 커지고 복잡해지기 마련입니다. 말하자면 여러분의 내면을 가득 채울 수도 있다는 말이죠.

프로이트는 감정을 숨기고 외면하거나 억제하는 것이 심리적 문제의 근원이 될 수 있다고 봤습니다. 억제된 감정은 무의식 속에 남아 우리의 행동과 생각에 부정적인 영향을 미칩니다. 그러나 감정을 언어화하면 감정이 밖으로 나와 해소될 기회를 얻습니다. 마치 압력이 쌓인 보일러의 밸브를 열어 압력을 해소하는 것처럼 억눌린 감정을 언어로 표현함으로써 마음이 가벼워지는 것이죠. 따라서 적절한 환기는 정신 건강을 유지하고 스트레스를 줄이며 정서적 안정을 찾는 데 큰 도움이 됩니다.

• 공유와 공감으로 가는 길

불안을 말로 표현하는 것은 다른 사람들과 공감대를 형성하고 타인의 지지를 받을 수 있는 중요한 수단이 됩니다. 인간은 사회적 존재로서 자신의 감정을 공유하고 이해받을 때 큰 위로와 지지를 얻을 수 있습니다. 만약 감정을 표현하지 않고 혼자

끌어안고 있으면 그 무게는 점점 더 무거워집니다. 그러나 믿을 만한 사람에게 자신의 불안을 솔직하게 털어놓으면 그들은 우리의 감정을 이해하고 공감하며, 때로는 실질적인 도움이나 조언을 줍니다. 우리는 이런 과정을 통해 혼자가 아니라는 위안을 얻고, 이는 정서적 안정감을 높여 줍니다. 또한 공감과 지지를 받는 과정에서 우리는 불안을 더 객관적으로 바라볼 수 있으며, 더 이상 불안에 지배당하지 않습니다. 오히려 우리가 그 감정을 잘 다룰 수 있게 되죠.

물론 내 불안을 상대방이 알아들을 수 있는 언어로 전달하는 것이 말처럼 쉽지는 않죠. 가끔은 '말하지 않아도 내 마음을 알아줬으면…' 하는 막연한 기대를 품기 십상입니다. 하지만 기본적으로 타인은 말하지 않으면 나의 마음을 잘 모른다는 것을 기억하고 스스로 말하려는 연습과 노력을 해야 합니다.

불안을 언어화하지 않으면 나타나는 두 가지 행동

불안은 때로 비언어적 방식으로 표출됩니다. 이는 감정을 처리하기 위한 더 쉬운 길일 수 있으며 그래서 다소 유아적인 반응일 수 있습니다. 불안을 처리하는 이런 방식에는 두 가지가 있는데요. 바로 '행동화'와 '외현화'입니다.

• 불안의 행동화

행동화는 무의식적인 불안을 말이나 생각 대신 실제 행동으로 드러내는 것으로, 자기도 모르게 감정을 즉각적인 행동으로 푸는 것을 의미합니다.

예를 들어 불안할 때 갑작스럽게 과도한 운동을 하고, 방 청소에 몰두하거나 충동적인 행동을 하는 것이 이에 해당합니다. 직장에서 스트레스를 받고 집에 돌아와 가족에게 화를 내는 것도 감정을 무의식적으로 다른 대상에게 표출하는 것입니다. 이런 방식은 감정을 즉각 해소할 수는 있지만, 근본적인 문제 해결에는 도움이 되지 않습니다.

• 불안의 외현화

외현화는 자신의 내부 갈등을 외부 대상으로 투사해 그 갈등을 외부의 문제로 간주하는 것입니다.

예를 들어 자신의 불안이나 스트레스를 외부 환경이나 다른 사람의 탓으로 돌리는 것입니다. 새로 만난 사람들과 어울릴 때 불안을 느끼지만, 이를 인정하지 않고 상대방이 자신을 싫어한다고 느끼거나 비판적인 생각을 갖고 있으리라 여기는 것도 이에 해당합니다. 이런 우회적인 표출 방식은 일시적인 해소감이 들 수는 있으나, 외부 상황을 과도하게 부정적으로 해석하게 만듭니다. 무엇보다 감정의 진짜 원인은 해결되지 않고 남게 되죠.

비언어적 표출은 즉각적이고 예측 불가능한 형태로 나타나기 때문에 스스로 통제하기 어렵습니다. 반면 감정을 언어화하면 자신을 보다 효과적으로 조절하고 통제할 수 있죠. 우리는 언어화를 통해 감정을 명료하게 인식하고, 그에 따른 행동을 의식적으로 선택할 수 있습니다.

이처럼 언어화는 우리가 감정을 더 잘 이해하고 그로부터 자유로워지며, 더 나아가 건강하고 안정된 삶을 살아가는 데 중요한 역할을 합니다. 그렇다면 이런 언어화를 일상에서 어떻게 활용할 수 있을까요?

스스로 치유하는 감정 다이어리

S 씨는 30대 초반의 직장인으로, 최근 직장 내 갈등과 경제적 불안으로 인해 많은 스트레스를 겪고 있었습니다. S 씨는 처음에는 자신의 불안을 말로 표현하는 것에 익숙하지 않았지만, 일기를 쓰고 친구와 대화를 나누는 과정을 통해 점차 자신을 이해하기 시작했습니다. 다음은 S 씨의 일기 내용 중 일부입니다.

"오늘 상사와의 면담 직전에 매우 불안했다. 내가 충분히 준비하지 못한 것 같았고 자꾸만 초조했다. 지적을 받거나 비난을 받을 것 같아 걱정이 한가득이었는데, 이 감정을 일기에 적다 보니 그 원인이 소금 더 명확해지는 것 같다. 사실은 면담이 아니라 상사와의 관계 자체에서 느끼는 압박감이 문제였다. 확실히 다른 상사와는 다른 부담감, 압박감, 긴장감이 있다. 이 상사에게는 평소에도 잘 보여야 한다는 생각이 지나치다는 느낌⋯."

S 씨는 일기를 통해 자신이 느끼는 감정을 조금 더 선명하게 알게 되었습니다. 또 서로 감정 일기를 일대일로 공유하는 친구가 있는데, 그 친구와의 솔직하게 대화하며 이런 감정을 주고받으면서 큰 위로나 통찰을 얻게 된다고도 합니다.

요새 S 씨에게는 불안해질 때마다 떠오르는 단어나 수식어를 메모장에 간단하게 적어 두는 취미가 생겼습니다. 정해진 시간에 그 키워드들을 보면서 글 쓰는 연습을 하고 있습니다. 편안하지 않은 감정을 말로 표현하거나 글로 적어 보며 자신을 스스로 치유하는 방법을 터득하는 중인 것이죠. 그는 이런 과정 자체만으로도 숨통이 트이고 내면이 넓어지는 것 같다고 합니다.

여러분도 막연한 감정들 때문에 힘들다면 S 씨처럼 다음 방법을 통해 스스로 치유하는 방법을 터득해 보세요.

• 오늘의 감정 적어 보기

'파란색-평온함', '빨간색-열정 또는 화', '회색-우울함'같이 오늘 내가 느낀 감정을 색깔로 표현해 봅니다.

• 감정의 원인 적어 보기

직장 내 갈등이나 가족 문제 등에서 이 감정이 왜 발생했는지 생각해 보고 적어 봅니다.

• 이미지로 표현하기

폭풍우 속의 배, 햇살 가득한 들판 등 오늘의 감정을 이미지로 표현해 봅시다. 그림을 그리거나 마음에 떠오르는 이미지를 적어 봅니다.

• 거울에 비친 나의 모습 적어 보기

피곤해 보이는 눈, 웃는 얼굴 등 거울을 보고 오늘의 내 모습을 묘사해 봅시다. 그리고 그 모습에 대한 인상을 남깁니다.

• 나의 반응 적어 보기

'초조함을 느꼈다', '화를 냈다' 등 그 사건에 대해 내가 어떻게 반응했는지 적어 봅니다.

• 앞으로의 계획 적어 보기

'더 준비를 철저히 해야겠다', '대화로 문제를 해결해야겠다' 등
앞으로 어떻게 대처할지 계획을 세워 봅니다.

• 나에게 하는 격려의 말 적어 보기

'나는 충분히 잘하고 있어', '모든 과정은 성장의 일부야' 등 스
스로에게 격려와 위로의 말을 적어 봅니다.

몸과 마음을
대화로 치료한 프로이트

프로이트의 정신 분석은 한마디로 '대화'라고 할 수 있습니다.
분석가와 피분석가는 대화를 나눕니다. 이때 피분석가는 자유
연상을 하고, 분석가는 세밀하게 경청합니다. 이와 같은 특별한
대화는 피분석가의 내면에 영향을 주죠. 그동안 단절되어 있었
던 무의식과 의식 사이에 소통이 촉진됩니다. 그렇기에 프로이
트는 타인과의 소통, 자기 스스로와 소통 그리고 내면의 변화를
위해서 언어라는 매개체가 매우 중요한 도구라는 것을 강조합
니다.

가장 익숙하면서도 가장 강력한 치료법

프로이트는 여러 히스테리 환자를 만나면서 언어가 가진 마술 같은 힘을 확신할 수 있었습니다. 히스테리 증상은 몸에 이상이 없는데도 마비나 경련, 환각을 경험하는 등의 신체 증상이 나타나는 것을 말하는데요. 신체 증상의 원인은 대부분 무의식에 억압된 성적 갈등과 고통스러운 기억들이었습니다.

억압된 기억을 말로 표현하게 하는 '카타르시스 기법'은 기적처럼 증상을 사라지게 했습니다. 프로이트는 여러 히스테리 환자들에게 최면을 걸고, 카타르시스를 위한 질문을 던졌습니다. 하지만 최면술은 한계가 있었죠. 어떤 사람들은 최면에 아예 걸리지 않았고, 사라졌던 증상이 재발하기도 했습니다.

프로이트가 최면술을 포기하는 데 결정적인 계기를 준 사람은 에미 폰 N.이라는 중년의 부유한 과부였습니다. 그는 발작적인 안면 경련, 경련성 언어 장애, 죽은 쥐와 꿈틀대는 뱀을 보는 환각 증세로 1889년과 1890년, 두 차례에 걸쳐서 프로이트에게 치료를 받았습니다. 처음에 프로이트는 부인의 중요한 기억을 끌어내는 카타르시스 방법을 시도했습니다. 하지만 부인은 오히려 화를 내면서 "이것저것 묻지 말고, 그냥 내가 하고 싶은 말을 하게 해 주세요!"라고 말하며 최면술을 거부했죠. 이때 프로이트는 부인에게는 최면보다 방해받지 않고 말하도록 하는 것, 즉 자유 연상 기법이 훨씬 효과적이라는 것을 깨달았습니다.

프로이트가 자유 연상 기법이 놀라운 치료 방법임을 확신할 수 있었던 또 다른 계기는 엘리자베트 폰 R. 이라는 25세의 여성 히스테리 환자였습니다. 그는 걷거나 서 있기만 해도 다리에 심한 통증을 느껴 1892년에 프로이트를 찾아왔습니다.

프로이트는 그에게 증상이 시작되었던 시점에 대해서 자유 연상을 해 보도록 권했습니다. 아무런 생각도 떠오르지 않는 저항이 한동안 지속되었지만, 어느 날 엘리자베트는 형부를 사랑해서 언니가 죽기를 바라는 나쁜 갈망이 있었다는 것을 털어놓았습니다. 이 부도덕한 소망을 스스로 인정하자 증상은 사라졌고, 무도회에 가서 밤새워 춤을 출 수 있었다고 합니다.

말 하나로 마음부터 발끝까지 치료하기

프로이트는 긴장이 많았고, 우울 증상이나 심인성 신체 증상을 자주 겪었습니다. 그는 시가와 당시 합법이었던 코카인을 사용해서 불안을 일시적으로 낮출 수 있었지만, 오랫동안 중독을 끊어 내지는 못했습니다. 결혼이 그의 심리적 고통을 해결할 것이라고 기대했으나 결혼 후에 프로이트의 불안과 우울, 신체 증상은 오히려 악화되었습니다.

1890년대에 프로이트는 무의식을 탐사하며 획기적인 심리학 이론을 세워 갔습니다. 하지만 의학계가 보내는 시선은 차가웠고 프로이트에게는 많은 적이 생겼습니다. 이 때문에 프로이트는 자신을 믿어 주고 자신의 솔직한 마음을 털어놓을 수 있는 사람이 절실히 필요했습니다.

결혼 1년 후인 1887년, 32세의 프로이트는 브로이어의 소개로 플리스와 처음 만났습니다. 플리스가 베를린으로 돌아간 후에는 편지 교환과 만남을 통해 1901년까지 깊은 우정을 이어 갔죠. 플리스는 창의적이었고 학문적 야망도 컸으며 교양 있고 박식해서 사람들에게 감명을 주는 사람이었습니다. 프로이트는 플리스를 깊이 신뢰했고, 플리스도 프로이트의 이야기를 들어 주고 자극을 주며 응원해 줬습니다.

프로이트는 아내에게 연구에 관련된 이야기를 할 수 없었지만 플리스에게는 털어놓을 수 있었습니다. 플리스는 단순한 지지뿐 아니라 프로이트의 글들을 치밀하게 파악해 조언도 해 줬어요. 무기력한 상태의 프로이트는 플리스와의 만남과 편지 교환을 통해 다시 새로운 힘을 얻을 수 있었습니다. 프로이트는 플리스를 지나치게 이상화했고 자신을 그의 분신처럼 여겼으며 자신의 심장 문제, 아내와의 금욕 생활 등 아주 내밀한 이야기까지 모두 털어놓았습니다. 플리스는 가족이 채워 줄 수 없는 고립감을 달래 주는, 프로이트가 가장 사랑하는 친구였던 셈이죠. 그는 프로이트 내면의 무의식적 열정이 향할 수 있는 대상이 되어 줬고 이는 정신 분석의 탄생에 결정적인 역할을 했습니다.

제 생각과 감정을 표현하는 말과 언어, 이는 문명인이 문명인답게 불안을 다루는 핵심 도구입니다. 그러니 여러분도 자신이 가진 도구를 자유자재로 활용하실 수 있길 바랍니다.

프로이트와 S 씨가 그랬듯이 감정을 언어화하는 과정은 자신과 더 친밀해지고 내밀한 속마음까지 이해하는 길을 열어 줄 것입니다. 감정의 언어화는 여러분이 원하는 '자기감정 관리'를 효과적으로 잘할 수 있도록 도울 뿐만 아니라 타인과의 소통 기술도 키워 줄 수 있습니다.

일기 쓰기나 자신 혹은 믿을 만한 사람과의 대화를 통해 불안을 표현하는 연습을 하다 보면 우리도 마법과 같은 치유의 힘을 경험할 수 있을 것입니다. 현재의 불안을 탐험하는 과정에서 말과 글의 힘을 믿고, 적극적으로 활용해 보세요.

"말 못 하는 상황이 불안을 더 키웁니다. 마음속 어두운 감정도 바깥의 밝은 빛과 만나면 서서히 사라지기 마련입니다."

05

내 마음에 있는
세 명의 주인

"마음의 주인은
셋이다."

우리는 종종 "내 마음이야!"라고 말하면서 마음이 하나의 목소리로 움직인다고 생각합니다. 언행일치냐, 불일치냐를 따질 때도 마음과 행동은 다를 수 있지만, 마음 자체는 하나의 '단일체'로 여기기 마련이죠.

그런데 사실 마음의 주인은 한 명이 아니라 세 명이라는 사실을 알고 있나요? 이 마음의 비밀을 처음으로 우리에게 알려 준 사람이 바로 프로이트랍니다. 그에 따르면 우리의 마음은 층이 다른 세 개의 방과 세 명의 주인으로 구성되어 있습니다. 이 독특한 마음의 구조는 우리 내면의 갈등과 조화를 이해하는 열쇠이며, 성격과 행동을 형성하는 중요한 틀입니다. 프로이트는 인간의 복잡한 마음의 작용을 지형학적 이론과 구조 이론을 통해 설명했습니다.

마음은 층이 다른 세 개의 방으로 이뤄져 있다

프로이트는 초기에는 마음을 지형적으로 설명하며 의식, 전의식, 무의식이라는 세 개의 층으로 나눴습니다. 각 층은 서로 다른 깊이에 자리 잡아 우리가 그 내용을 얼마나 쉽게 자각하고 접근할 수 있는지에 따라 구분됩니다.

의식의 방은 우리가 현재 즉각적으로 자각할 수 있는 생각과 감정으로 가득합니다. 일상에서 느끼는 기분이나 떠오르는 욕구들이 이 방에 속합니다.

전의식의 방은 조금만 노력하면 떠올릴 수 있는 기억과 정보가 자리한 곳입니다. 잊고 있었지만 살짝만 열면 꺼낼 수 있는 서랍 같은 존재죠.

무의식의 방은 가장 깊숙한 곳에 자리한 비밀스러운 방입니다. 우리가 의식적으로 접근하기 어려운 감정과 욕구가 여기 감춰져 있죠. 특히 어린 시절 형성된 본능적 욕구나 충동 중 도덕적 혹은 사회적 기준에 어긋나는 것들이 억압된 채 이곳에 남아 있습니다. 무의식 속에는 강한 소유욕, 질투, 금기된 성적 욕구 같은 것들이 감춰져 있는데요. 프로이트는 이 억압된 충동들이 의식에 도달하지 못해 내면에서 갈등을 일으킨다고 봤습니다.

구조 이론, 세 명의 주인 등장

시간이 흐르면서 프로이트는 단순히 본능적 욕구만이 무의식에 자리할 뿐만 아니라 이를 억제하고 통제하려는 또 다른 힘이 필요하다는 것을 깨달았습니다. 이때 등장한 개념이 바로 '초자아'입니다. 무의식에는 비밀의 방을 지키는 파수꾼처럼 도덕적 기준을 바탕으로 본능적 충동을 억제하는 힘이 자리해야 했던 것이죠. 이렇게 프로이트는 무의식 속 또 다른 주체인 초자아를 설명하기 위해 새로운 마음의 틀인 '구조 이론'을 제시했습니다.

프로이트는 마음의 세 주인으로서 욕망을 추구하는 이드, 현실적 조정과 실행을 담당하는 자아 그리고 금지와 평가를 담당하는 초자아를 제시합니다. 이 세 주인은 각기 목표와 역할이 달라서 서로 충돌하고 타협하며 우리의 내면을 형성합니다. 프로이트는 이 세 주인이 상호 작용하며 마음의 균형을 이루는 방식을 보여 주고자 했습니다.

• 이드

이드는 원초적인 욕망을 추구하는 주인으로, 배고픔, 쾌락, 본능적 충동을 즉각적으로 만족시키려 합니다. 주로 무의식에 자리하며, 성적 본능인 리비도와 공격적 본능인 타나토스가 이드의 두 가지 주요 본능입니다.

• 초자아

초자아는 이드의 욕구가 무분별하게 표출되지 않도록 통제하는 엄격한 목소리입니다. 사회적 규범을 반영하며, 도덕적 기준에 어긋나는 행동을 억제하죠. 주로 어린 시절 부모의 가치관과 태도를 내면화해 형성한 도덕적 기준을 통해 세 살부터 여섯 살까지의 오이디푸스 갈등을 해소하려 한다고 봤습니다. 이 갈등이 해소되지 못하고 무의식 속 충동으로 남아 있을 때도 초자아는 지속해서 억압하는 역할을 합니다.

• 자아

자아는 현실 원칙에 따라 작동합니다. 이드의 충동을 무작정 억누르기보다는 현실 속에서 이를 적절히 만족시킬 방법을 찾고, 동시에 초자아의 도덕적 기준을 충족시키려고 애씁니다. 이드, 초자아, 외부 세계 사이에서 타협을 이루려 노력하는 중재자입니다. 자아는 다양한 방어 기제를 실행해 심리적 안정을 유지하는 기능을 합니다.

다양한 목소리 사이의
균형을 맞추는 자아의 힘

서른 살의 A 씨는 요즘 깊은 혼란에 빠져 있습니다. 성공한 친구들과 자신을 비교하며 자책감(초자아)에 시달리면서도 한편으로는 억눌러 왔던 연애 욕구와 자기만의 성취 욕구(이드)가 강하게 솟구쳐 마음이 복잡합니다. 이 과정에서 자아는 사회적 지위와 안정된 삶을 추구하면서도 자신이 진정으로 원하는 삶이 무엇인지 고민하며 방황하고 있습니다.

마음이 하나의 목소리가 아닌 여러 방향으로 움직인다는 것을 깨달은 A 씨는 혼란에서 벗어날 방법을 모색했습니다. 그는 자아의 힘을 강화하고, 내면의 세 목소리 사이에서 균형을 잡는 것이 중요하다는 것을 깨달았습니다.

비슷한 혼란을 겪는 C 씨 역시 무의식의 방 안에 억눌렸던 감정과 욕구가 직장에서 드러나 어려움을 겪고 있습니다. C 씨는 최근 회사에서 새로운 프로젝트에 참여하며 팀장과 협력하게 되었습니다. 겉으로는 문제가 없어 보이지만, 그는 팀장과 일할 때마다 이유를 알 수 없는 불편함과 긴장을 느끼곤 합니다. 저음에는 이 감정의 근원을 명확히 알지 못해 혼란스러웠는데, 어린 시절 경험에 그 원인이 있었습니다.

어린 시절 C 씨는 부모의 사랑을 형제와 나눠야 했고 이 과정에서 강한 질투와 인정 욕구를 느꼈습니다. 하지만 부모의 기준에 따라 이런 욕구를 억눌러야만 했고, 결국 해소되지 않은 채 무의식 속에 남겨지게 되었죠. 어린 시절 형제들과의 경쟁에서 억눌린 질투와 인정 욕구가 이제 팀장과의 관계에서 다시 모습을 드러낸 것입니다. 이때 초자아는 좋은 동료로서 행동하라는 도덕적 기준을 내세우며 욕구를 억제합니다. 자아는 C 씨가 이 갈등 속에서도 직장이라는 현실에 적응하도록 애썼지만, 완전히 통제할 수는 없었죠. 이럴 때 마음속 세 주인 사이에서 어떻게 균형을 찾을 수 있을까요?

프로이트가 "자아는 마음의 주인이 아니다"라고 말했듯이 자아는 이드나 초자아의 요구를 무시하거나 임의대로 통제할 수 없습니다. 그렇지만 어느 한편의 목소리를 마냥 따르지도 않고,

그 사이에서 갈등을 조정하고 타협하며 균형을 찾는 중재자 역할을 합니다.

프로이트는 자아가 마음을 완전히 장악하지 못한다고 했지만, 궁극적으로 자아가 주도권을 쥐고 이것들의 조화를 이뤄 심리적 안정에 이르기를 바랐습니다.

예를 들어 C 씨가 자신의 부정적인 감정이 단순한 직장 내 갈등이 아니라 억압된 무의식적 욕구에서 비롯된 것임을 깨닫게 되면 내면의 불편과 불안이 서서히 해소되는 경험을 할 수 있는 것이죠.

프로이트의 구조 이론은 현대 정신 분석의 핵심입니다. 이 이론에 따르면 우리의 내적 갈등은 이드, 자아, 초자아의 충돌에서 비롯됩니다. 불안은 이드의 위협적인 본능적 욕구나 소망이 의식에 떠오르거나 초자아의 강한 억압이 작용할 때 생깁니다. 자아는 이런 갈등에서 자신을 보호하기 위해 경고 신호로써 불안을 일으키는 것이죠. 이는 본능적으로 자신의 안전을 지키기 위한 자아의 방어 작용으로 볼 수 있습니다.

구조 이론 이후 분석가들은 인간의 모든 행동과 감정 그리고 증상을 마음속 여러 힘의 타협에서 비롯된 결과물로 보게 되었습니다. 자아가 이드, 초자아 그리고 외부 세계의 요구를 균형 있게 조정할 수 있다면 내적 갈등과 심리적 고통이 줄어듭니다. 그러나 자아가 조율에 실패할 경우, 정신적 증상이나 이상 성격이 나타날 수 있습니다.

오늘날 정신 분석은 "이드, 초자아, 외부 현실이라는 세 주인을 모두 섬기느라" 분주한 자아가 더욱 성숙하고 강해지도록 돕는 과정으로 발전해 왔습니다. 단순히 무의식을 드러내는 데 그치지 않고 미성숙한 방어 기제를 성숙한 기제로 변화시키도록 돕고, 피상담자가 자신의 마음을 자유롭게 탐구하며 무의식을 스스로 이해할 수 있도록 지원하는 것을 목표로 하고 있습니다.

우리의 성격은 하나의 목소리가 아닌 이드, 자아, 초자아라는 세 가지 힘이 상호 작용하며 형성됩니다. 이 세 목소리가 때로는 대립하고 때로는 조화를 이루는 과정에서 우리는 내면의 갈등과 타협을 반복하게 됩니다. 자아는 이 갈등 속에서 중재자의 역할을 하며, 이드의 본능적 욕구와 초자아의 도덕적 기준 그리고 외부 세계의 현실적 요구를 균형 있게 조율하려고 합니다. 자아가 갈등 속에서 적절한 타협과 조화를 이루며 자신만의 길을 찾아갈 때, 우리는 성숙한 자아로서 성장할 수 있습니다. 이 과정에서 자아는 점차 강해지며, 자신의 본질을 이해하고 타인과의 관계에서도 더욱 탄탄해집니다. 자아의 조정과 타협 능력이 발달할수록 내면의 불안과 갈등은 줄어들고 우리는 심리적 안정과 함께 더 만족스러운 삶에 가까워질 수 있습니다.

프로이트가 설명한 마음의 세 가지 목소리는 우리가 자신을 이해하고 받아들이는 과정에서 중요한 역할을 합니다. 마음의 다양한 목소리를 듣고 각각을 이해하며 조율하는 것이야말로 우리가 심리적 성숙에 이르고, 고유하고 개성 있는 성격을 형성해 가는 길입니다.

"스스로 자신의 마음속 세 가지 목소리에 대해 자유롭게 질문하고, 무의식의 비밀을 탐구하는 여정을 시작해 보세요."

Sigmund Freud

2장

꿈과 현실 사이에서
어떻게 중심을 잡을까?

자유, 책임, 행복을 위한 마음의 구조 이해하기

06

서른, 물리적 생존보다 심리적 생존에 집중해야 할 때

"서른에 불안한 이유는
사실 생존 때문이다."

30대는 본격적으로 현실과 맞부딪치는 시기입니다. 사회인으로 첫발을 내딛던 20대에도 여러 가지 도전과 시행착오가 있었겠지만, 그때와는 또 달리 '홀로' 문제들과 맞서야 할 때가 많아지는 시기가 서른 즈음이죠.

인생을 연극에 비유하자면 이제는 연습하고 리허설만 하는 시간이 아니라 연극의 본무대에 올라서는 시간과도 같습니다. 이 시점에서 그동안 쌓아 온 경험과 지식을 바탕으로 자신의 역량을 발휘하고 시험해 볼 기회를 맞이합니다. 진짜 무대에서 실력을 보여 줘야 할 때가 바로 지금이고, 그동안 쌓아 온 노력의 첫 번째 성과물을 보여 줘야 할 때입니다.

이전까지는 학업, 사회 경험, 인간관계를 통해 자신을 준비해 왔다면 이제는 그 준비된 자원을 활용해 실제로 성과를 내고, 자신의 능력을 평가받게 될 것입니다. 당연히 그 평가는 호락호락하지 않을뿐더러 때로는 냉혹하고 가혹하게 치러질 수도 있어요. 그리고 그 평가 결과에 따라 대개 그 이후 미래의 방향도 결정됩니다. 직업, 연애, 재정, 자기 계발 등 여러 측면에서 인생의 중요한 문제들과 마주하게 되며, 이런 문제들은 우리에게 실질적인 생존의 위협으로 다가올 수 있습니다. 눈에 보이는 성과를 기대하다가 그 성과가 보이지 않을 때 큰 불안을 느끼죠.

이 시기에는 일차적으로 먹고사는 문제, 현실적 생존 문제를 해결하는 능력을 검증받고 안전성을 확보하는 것이 중요한데요. 문제는 이게 다가 아니라는 점입니다. '멘털의 생존'도 현실의 생존 문제만큼 중요합니다. 굳건한 멘털은 30대를 살아가는 데 필수적이라고 할 수 있어요.

"불안은 사실 생존 때문이다"라는 말은 우리의 불안이 단순한 심리 현상일 뿐만 아니라 현실의 생존 본능과 깊이 연결되어 있음을 시사합니다. 프로이트는 불안이 우리의 생존과 직결된 문제, 즉 현실 불안임을 강조하며 불안에 대한 깊은 이해와 현실적인 접근이 필요하다는 점을 이야기하고 있어요. 이 불안의 문제를 다루기에 앞서 먼저 육체적, 물리적 생존이 전부가 아니라는 점부터 분명히 해야 합니다. 어렵지만 정신적인 '멘털 생존'의 개념을 제대로 챙기지 않으면 눈에 보이는 문제들을 처리하는 데 급급해서 정말로 정신력이 흔들리게 될지도 모릅니다. 이처럼 멘털은 우리의 생존과 직결된 현실 문제인 것입니다.

당장 성과도 내고 싶고
점차 성장도 하고 싶어요

J 씨는 최근 직장에서 큰 프로젝트를 성공적으로 마무리했지만, 기대했던 승진은 하지 못했습니다. 이로 인해 J 씨는 자신의 능력에 대한 의심이 커졌고, 심한 스트레스를 겪었습니다. 아직 경제적으로 완전히 독립하지 못한 J 씨는 부모님 집에서 생활하고 있으며, 연애도 불안정해 장기적인 미래를 약속할 수 있는 상대를 찾지 못한 상태입니다. 그동안 누구보다 열심히 살았음에도 눈에 보이는 성과가 없다는 생각이 그의 자존감에 큰 타격을 줬습니다.

그러나 J 씨는 이런 상황일수록 자신의 멘털을 부여잡아야겠다고 결심한 후 몇 가지 전략을 세우고 실행했습니다. 우선 자신의 감정과 생각을 깊이 이해하고 정리하는 시간을 가졌습니다. 부정적인 감정과 스트레스를 관리하기 위해 운동을 시작했고, 질친한 친구들과 시간을 보내며 지지 네트워크를 강화했습니다. 또한 자신의 강점과 약점을 명확히 파악하고 장기적인 목표를 설정하며 작은 성과를 통해 자신감을 회복했습니다. 이런 노력 덕분에 J 씨는 서서히 불안을 극복해 나갔고, 회사에서 다음 프로젝트에 도전하며 더 나은 미래를 향해 나아갈 수 있었습니다.

J 씨의 이야기에서 알 수 있듯이 서른의 생존은 단순한 물리적 생존을 넘어선 복합적인 개념입니다. 생각하고 고려해야 할 것들도 갑자기 많아지고 복잡해지는 느낌이 들죠. 하지만 그렇다고 미리 겁먹을 필요는 없어요. "호랑이 굴에 들어가도 정신만 바짝 차리면 산다"라는 속담을 기억하면 됩니다. 이제부터 심리적, 사회적, 정서적 생존을 모두 고려하며 보이지 않는 것에도 비중을 높이고 관심을 기울이기 시작해 보세요.

서른의 생존은 단순히 현실 사회에서 살아남는 것을 넘어 정신적으로 의미 있고 만족스러운 삶을 살아가는 방법을 터득해 내는 것까지 포함한다는 사실을 아는 것만으로 훌륭합니다. 스트레스 관리나 정서적 지지 기반을 확고히 하는 것, 정서적인 안정과 긍정적인 사고방식을 유지하는 것이 얼마나 중요하고 유용한지를 모른 채 마냥 바쁘게만 지내기 쉬운 시기가, 한창 할 일 많고 생각할 것들이 넘쳐 나기 시작하는 시기가 서른이기 때문입니다.

눈에 보이는 성과도 중요하지만
눈에 보이지 않는 성장도 중요하다

프로이트는 인간의 행동을 설명하는 두 가지 중요한 원칙을 제시했습니다. '쾌락 원칙'과 '현실 원칙'입니다. 쾌락 원칙은 즉각적인 만족을 추구하는 반면, 현실 원칙은 장기적인 생존과 적응을 위해 즉각적인 만족을 지연시키고 현실을 받아들이는 것을 의미합니다. 어른이 되면 우리는 더 이상 쾌락 원칙에만 의존할 수 없습니다. 경제적 안정, 직업적 성취, 인간관계 등 현실적인 문제들을 해결하기 위해서는 현실 원칙을 따를 필요가 있습니다.

현실 원칙에서의 핵심은 즉각적인 만족을 멈추고 기다릴 줄 알아야 하고, 현실의 필요를 채워야 한다는 것입니다. 바라고 원하는 것을 기다리는 데는 힘이 필요합니다. 그러지 못할 때 '조급함'이라는 게 생길 수밖에 없어요. 대개는 조급해서 못 기다린다고들 하지만, 실은 기다리지 못해서 조급해지는 것입니다.

기다리는 데는 정신적 힘이 필요합니다. 그중에서도 가장 중요한 것은 멀리 내다보는 연습입니다. 근시안적인 사고와 당장의 결과를 도출해 내려는 방식들이 오히려 여러분을 더 불안하고 조급하게 만듭니다. 빨리 성과를 내고 눈에 보이는 무언가를 획득하고 싶을수록, 그래서 당장 어떤 행동을 하려는 충동이 넘칠수록 계속해서 장기적으로 먼 미래의 모습이나 인생의 목적들을 상기시키면서 급한 호흡부터 가다듬는 것이 중요합니다.

한 라운드만 하고 경기를 끝낼 게 아니라 몇 라운드가 되었든 최종 경기까지 치를 것을 염두에 두면서 큰 그림을 그려야 합니다. 눈에 보이는 성과라는 것이 당장 손에 넣는 결과물을 뜻하는 좁은 관점에서 빠져나와서 최종 라운드에서 원하는 성취를 해내고 승리를 거머쥐어야겠죠.

물론 지금의 결과물이 의미 없거나 중요하지 않다는 뜻이 아닙니다. 오히려 "눈에 보이는 게 다가 아니야!"라는 자기 합리화를 조심하라고 이야기하고 싶습니다. 눈에 보이는 성과의 힘을 인정하는 것은 중요한 부분이에요. 이것은 개인의 자신감과 미래 계획에 큰 영향을 미치기 때문입니다. 직장에서의 승진이나 연봉 인상 같은 가시적인 성과는 외부의 인정뿐 아니라 자기 자신에게도 확신을 줍니다. 그리고 이런 성과를 통해 매 순간 자신을 평가하고, 나아가야 할 방향을 설정할 수 있으니까요.

다만, 눈에 보이는 성과에만 의존하거나 당장 눈앞의 결과에만 연연하는 것을 주의하라는 말입니다. 구체적이고 가시적인 성과 이상으로 자신의 잠재력과 가능성을 믿고 보이지 않는 것들의 가치를 인정하는 마음이 매우 중요하고, 이를 통해 진정한 성장을 이룰 수 있습니다.

향기로운 꽃에 만족하면
탐스러운 열매는 열리지 않는다

프로이트 역시 현대의 서른과 다름없이 자신의 생계와 현실적인 생존 문제에 직면하면서 많은 불안을 겪어야 했습니다.

프로이트는 오스트리아에서 유대인으로 태어났습니다. 당시 유럽에서 유대인으로 살아간다는 것은 여러 차별과 사회적 배제에 직면해야 한다는 것을 의미했죠. 프로이트는 이런 배경 에서 학문적 성취를 이루기 위해 끊임없이 노력해야 했습니다. 학문 세계에서도 유대인이라는 정체성은 프로이트에게 큰 부담이었고, 이는 그가 무의식 속에서도 불안을 느끼게 만드는 요소 중 하나였습니다. 그런데도 프로이트는 자신의 정체성을 부정하지 않고, 오히려 이를 학문적 발전의 원동력으로 삼았습니다. 그는 자신의 경험에서 비롯된 불안을 직시하며 연구의 주제로 삼아 무의식에 대한 이해를 더 넓혀 갔습니다.

프로이트는 사신의 이론을 발전시키는 과정에서 재정적인 어려움도 겪었습니다. 이 때문에 학문적 연구와 환자 치료를 병행하면서 생계유지를 위해 노력해야 했습니다. 게다가 그는 종종 학계에서 인정받지 못하고 동료들의 비판에 직면하기도 했는데요. 그럼에도 프로이트는 자신이 옳다고 믿는 길을 포기하지 않았습니다.

프로이트는 불안이 인간의 본능적인 충동과 사회적 규범 사이에서 발생하는 갈등에서 비롯된다고 생각했습니다. 또한 불안을 해결하기 위해서는 현실 원칙에 따라 즉각적인 만족을 지연시키고, 장기적인 생존과 적응을 목표로 삼아야 한다고 했습니다. 그는 자신의 삶에도 이 원칙을 적용해 학문적으로 도전하면서 장기적인 목표를 이루기 위해 끊임없이 노력했습니다. 결국 프로이트는 자신의 불안을 연구의 동력으로 삼아 무의식과 불안에 대한 이론을 발전시켰답니다.

30대에는 직장, 가정, 사회적 관계에서의 압박이 커지므로 심리적 생존이 매우 중요합니다. 스트레스와 불안을 관리하고, 자기 이해와 수용을 통해 균형 있고 안정된 정신 상태를 유지하는 것이 필요합니다.

안정된 멘털을 유지하는 다섯 가지 방법

• 자신의 강점과 약점 파악하기

자신의 강점과 약점을 명확히 알면 스트레스 상황에서도 자신을 잃지 않도록 중심을 잡을 수 있습니다.

• 스트레스 관리

명상, 운동, 취미 활동 등을 통해 일상적으로 스트레스를 관리하고, 긍정적인 에너지를 충전하세요.

• 사회적 지원 시스템 구축

생각보다 30대에 기존의 인간관계가 약해지거나 멀어지는 경우가 많습니다. 바쁘고, 각자 삶에 열중한다는 이유로 사람 관계에 소홀해지기 쉬운데요. 친구, 가족, 동료 같은 지지 시스템을 구축하고 돈독히 하면서 필요할 때 도움을 요청할 만한 사람들을 평소에 잘 인식하는 것이 필요합니다. 이 자체가 정서적 안정감을 높여 주며, 문제가 생겼을 때 실질적인 도움을 줄 수 있습니다.

- 소소한 일에 감사하기

작은 일에도 감사하는 마음을 가지는 습관을 들이세요. 이는 정서적 안정과 행복감을 증진하는 데 도움이 됩니다.

- 지속적인 자기 성장을 위해 노력하기

자신을 지속적으로 성장시키고, 새로운 지식을 습득하세요. 이는 가시적인 성과를 위해서도 중요한 과정이며, 자존감을 높여 줍니다.

농부는 1년 내내 땀 흘려 농사를 짓고, 그 수고의 결실을 열매로 확인하며 보람을 느낍니다. 만약 풍성한 열매를 맺지 못한다면 그 허탈감은 이루 말할 수 없을 것입니다. 하지만 서른은 인생 농사를 다 지은 시기라고 할 수 없으므로 원하는 만큼의 성과나 똑 부러지는 열매가 없다고 해서 너무 좌절하거나 포기할 필요가 없습니다. 물론 눈에 보이는 성과가 하나도 없다면 불안과 초조함을 느낄 수밖에 없다는 사실도 기억해야겠죠.

그래서 서른에게는 꼭 이루고 싶은 혹은 이뤄야 할 열매 '하나'에 집중할 것을 권하고 싶습니다. 경제적 안정, 직업적 성취, 자기 계발, 연애와 결혼 등 굵직한 영역 중 하나에만 '선택적 집중'을 하고 그 안에서 작지만 뚜렷한 열매를 얻는 데 최선을 다해 보세요. 그 열매 하나가 여러분에게 힘을 주고 현실적인 동기를 부여해 줄 것입니다.

남들에게 드러나는 대단하고 뚜렷한 것이 아니어도 괜찮습니다. 스스로 확신할 만한 결과물이면 충분합니다. 이 열매 하나만 있어도 타인들과의 비교에서 오는 자괴감을 피하고, 내면의 잠재력과 가능성을 믿는 데 도움이 됩니다. 그러다 보면 남들보다 조금 늦더라도 결국에는 풍성한 열매를 맺을 수 있는 날을 맞이할 것입니다.

"숨차게 달리며 눈앞의 성과에만 매달리지 말고, 긴 호흡으로 자신의 잠재력과 가능성에 집중하며 조금 더 멀리 보는 연습을 해야 합니다."

07

복잡하고 어려운 삶이라도
해결할 방법은 있으니까

"원래 삶은 어렵다.
너무 많은 고통과 실망
그리고 불가능한 과제를 안겨 주는 것이 삶이다."

프로이트는 인간의 삶에서 고통과 갈등이 필연적이라는 점을 강조했습니다. 자아는 이드와 초자아 사이의 갈등 외에도 현실 세계의 도전과 마주하며 갈등을 겪습니다. 갈등과 고통은 삶의 본질적인 부분이며, 인간이 살아가는 데 피할 수 없는 요소라고 할 수 있죠. 프로이트는 "원래 삶은 어렵다"라는 말로 본질적 고통을 직시할 필요성을 강조합니다.

M 씨는 최근 자신의 삶이 전쟁터와 같다고 느낍니다. 직장에서는 끊임없는 경쟁과 성과 압박에 시달리고, 경제적으로는 내

집 마련의 꿈이 점점 더 멀어지고 있습니다. 게다가 인간관계에서의 갈등은 M 씨를 더 지치게 만드는데요. 특히 친구들이나 동료들이 자신의 기대와 다르게 행동할 때마다 실망감이 들곤 합니다. 결혼과 출산에 대한 사회적 기대와 현실적인 제약 사이에서 고민하고 갈등하기도 하고, 세대 간 갈등도 그를 괴롭힙니다.

M 씨는 열심히 살아가고 있지만, 모든 것이 자신의 힘으로는 어쩔 수 없는 벽처럼 느껴집니다. 그는 "왜 내 삶은 이렇게 어려운가?"라는 질문에 대한 답을 찾고자 애쓰지만, 모든 것이 막막하게만 다가옵니다.

오늘날 대한민국의 30대는 주거, 결혼, 출산 문제 등 현실적 제약에 부딪히며 세대 간 갈등과 다양한 사회적 이슈 속에서 고군분투하고 있습니다. 다양한 현실적 제약이 때로는 개인에게 큰 좌절감을 안겨 주기도 합니다. 하지만 이를 극복할 방법은 분명 존재하니 좌절할 필요 없습니다.

19세기 유럽의 고통 속에서
프로이트가 찾았던 해법

프로이트는 인간의 삶에서 고통과 갈등은 원천적으로 없앨 수 없는 것이라고 주장했습니다. 인간이 본능적 욕망을 충족하고자 할 때는 양심이나 사회적 규범과 충돌할 수밖에 없는데요. 프로이트는 이로 인해 억압된 충동과 욕구들이 무의식 속에서 불안을 일으킨다고 설명했습니다. 자아가 이 둘 사이에서 현실적으로 가능한 해결책을 찾으려 노력하면서 갈등이 발생하는 것이죠. 그리고 그 균열이 불안과 고통을 초래함으로써 삶을 어렵게 만듭니다. 이때 특정한 현실 상황이나 자극으로 억압된 과거의 경험들도 의식 위로 다시 떠오를 수 있습니다.

예를 들어 어린 시절에 부모에게 버림받은 경험을 가진 사람은 성인이 되어서도 거절당하는 것에 매우 민감합니다. 무의식에서 과거의 버림받은 감정을 다시 느끼기 때문입니다. 과거의 상처는 비슷한 상황에서 다시 살아나서 강렬한 감정을 일으킵니다.

감정이 강렬해질 때 현실은 더 위험하고 더 절망적으로 그려지죠. 단순히 시간이 지나는 것만으로는 과거의 고통과 갈등을 피하기가 어렵습니다. 이렇게 정신적인 공간에서도 어려움이 끊이지 않는데, 우리 자신의 힘만으로는 조절하거나 통제하기 어려운 현실적인 난관들까지 계속해서 발생합니다.

프로이트는 유대인으로서 그리고 혁신적인 정신 분석 이론을 주장한 학자로서 많은 사회적 장벽에 부딪혔습니다. 특히 제2차

세계 대전 직전, 나치의 유대인 박해는 프로이트와 그의 가족에게 큰 위협과 치명적인 비극을 안겨 줬습니다.

1938년, 독일이 오스트리아를 병합한 후 프로이트 가족은 심각한 위험에 처했습니다. 그해 3월, 나치는 그의 딸 안나 프로이트를 체포해 게슈타포 본부로 연행했습니다. 몇 시간 동안 심문을 받은 후 다행히 풀려나기는 했지만, 이에 큰 충격을 받은 프로이트는 영국 망명을 결심하고, 여러 지인의 도움을 받아 영국 런던으로 이주했습니다. 프로이트는 그곳에 정착해 계속해서 정신 분석 연구를 이어 가며 안정된 생활을 꾸려 갔습니다. 그의 딸 안나 프로이트도 이후 아버지의 유산을 이어받아 정신 분석학을 발전시키는 데 크게 이바지했죠.

반면 프로이트의 여동생 네 명은 나치의 강제 수용소로 보내져서 결국 목숨을 잃었는데, 이 비극적 소식이 프로이트에게 큰 슬픔과 상실, 무력감을 안겨 줬습니다. 프로이트는 건강 문제로 가족들과 멀리 떨어져 있어 그들에게 직접적인 도움을 줄 수 없었죠. 그는 이 비극을 통해 인간의 내면 깊숙한 곳의 파괴적 충동과 악의 본성을 이해하려고 노력했습니다. 여동생들의 죽음이 그의 후반기 연구에서 죽음 본능(타나토스)과 인간의 파괴적 충동에 관한 심리적 탐구가 더욱 강조되고 주를 이룬 배경이 되었습니다.

어린 시절의 고난이
낳은 다양한 감정들

프로이트가 왜 삶은 원래 어려운 것이라고 할 수밖에 없었는지는 훨씬 너 거슬러 올라가서 그의 출생 배경과 어린 시절의 경험을 살펴봐야 잘 이해할 수 있습니다.

복잡한 가정사에서 자라난 예민함

프로이트의 어린 시절은 복잡하고 어려운 가족 구조로부터 형성되었습니다. 프로이트의 아버지, 야코브 프로이트는 첫 번째 결혼에서 이미 두 명의 아들을 뒀고, 아내와 사별한 후 다시 결혼해 장남이자 셋째 아들로 프로이트를 낳았습니다. 프로이트는 이복형제들과 나이 차이가 많이 났으며, 그의 어머니 아마리아와 아버지의 첫 번째 아들 필립은 나이가 비슷했죠.

이런 가족 구조는 어린 프로이트에게 복잡한 심리적 환경을 제공했습니다. 어린 나이에 이미 형제간의 경쟁, 가정 내의 세대 차이 그리고 이복형제들과의 관계에서 오는 심리적 압박을 경험했습니다. 민감하고 예민했던 프로이트는 가정의 복잡함을 외면하지 않고 "아버지가 할아버지같이 여겨지고, 어머니는 둘째 형과 더 잘 어울리는 느낌"이라며 자신의 복잡 미묘한 감정들을 솔직하게 드러냈습니다.

어머니의 특별 대우가 길러 낸 강박감

프로이트의 어머니 아마리아는 남편 야코브보다 20살 이상 어렸고, 프로이트에게 매우 애정이 깊었습니다. 아버지와 어머니 간의 큰 나이 차이 역시 프로이트가 어릴 때부터 복잡한 감정과 정체성 혼란을 경험할 수밖에 없었던 원인 중 하나죠.

그의 어머니는 프로이트를 "나의 금쪽같은 지기(Sigi)!"라고 불렀고, 장남 프로이트에 대한 기대를 아낌없이 드러내며 특히 예뻐했습니다. 이런 어머니의 특별 대우는 훗날 웬만한 비난에도 끄떡없는 프로이트의 높은 자부심의 근원이 되었죠. 그러나 동시에 뭔가 특별해져야만 한다는 강박적 초조감에 시달린 배경이기도 합니다.

그만큼 어머니인 아마리아와의 관계는 프로이트의 초기 심리 발달에 큰 영향을 미쳤습니다. 유머 있고 활기차면서도 자기애가 강했던 어머니와의 관계에서 비롯된 애착과 갈등의 양가감정은 프로이트가 성인이 되어 무의식과 억압을 연구하는 데 중요한 배경이 됩니다.

첫째라는 이름의 책임감

프로이트 밑으로 일곱 명의 동생이 태어났습니다. 줄리어스, 아돌피네, 파울리네, 마리, 로자, 안나, 알렉산더가 그의 동생들입니다. 줄리어스는 생후 여덟 달 만에 사망했고, 나머지 동생들은 복잡한 가족 관계 속에서 자랐습니다. 프로이트는 첫째로서 동생들을 돌보며 책임감을 느꼈을 뿐만 아니라 아직 엄마이 사랑이 필요한 나이에 연이어 동생들이 태어나 자주 '분리'를 경험해야 했습니다. 가족 내에서의 역동성과 어린 시절의 경험이 그의 심리 이론에 큰 영향을 미쳤죠.

유약한 아버지를 통해 갈망한 강인함

프로이트의 가정은 경제적으로 불안정했습니다. 아버지의 사업 실패로 인한 가정의 경제적 어려움 때문에 어린 시절부터 스트레스와 불안을 경험할 수밖에 없었죠. 그의 아버지는 경제 사정이 여의치 않음에도 평생 낙관적이고 이상주의적인 자세로 프로이트가 원하는 직업을 선택하기를 바랐습니다. 프로이트의 가족이 빈으로 이주한 후 유대인이라는 이유로 사회적 배척을 겪을 때도 투쟁하거나 맞서기보다 유대교의 도덕적 가치를 지키며 의연하게 흘려보냈습니다.

하지만 이런 아버지의 태도는 프로이트 내면에 양가감정을 불러일으켰습니다. 아버지의 긍정적이고 경쾌한 태도를 삶의 지혜로 여기면서도 다른 한편에서는 현실 대처에 모호하고 유약한 아버지에 반하는 '강력한 아버지상'을 추구하며 내적 전투력을 키웠죠. 프로이트는 자신의 유대인 정체성에 대해 계속 고민하며, 사회적 차별과 편견 속에서 살아남기 위한 심리적 강인함을 길러야 했습니다.

현실의 벽을
부수든지 뛰어넘든지

프로이트의 복잡한 가족 구조와 경제적 어려움 그리고 사회적 배척 속에서의 성장 경험은 그가 인간 심리의 깊은 갈등과 복잡성, 무의식의 중요성을 이해하는 데 결정적인 영향을 줬다고 볼 수 있어요. 덕분에 그는 삶이 본질적으로 고통스럽고, 갈등으로 가득 차 있다는 것을 일찌감치 체감하고 깨달았습니다.

프로이트의 어린 시절은 그의 정신 분석 이론의 기초를 형성하는 데 큰 영향을 줬습니다. 그리고 그가 왜 인간이 불안과 갈등을 겪는지, 억압된 감정이 어떻게 삶에 영향을 미치는지 이해하려고 노력했는가를 설명해 줍니다. 성인이 되어 겪은 역사적 비극은 더 나아가 인간의 본질에 대한 깊은 고뇌와 탐구로 이어졌죠.

서른이 되면 많은 이가 자아와 현실 사이의 갈등을 경험합니다. 경제적 부담, 사회적 기대 그리고 개인적 목표 사이에서 갈등하며 자아는 현실과 내면세계에서 고통을 느낍니다. 그러나 이 갈등은 성장의 중요한 요소이기도 합니다. 프로이트가 현실적 어려움 속에서 자신의 길을 개척했던 것처럼 우리도 자신만의 방법으로 사회적 현실과 제도 속에서 살아남아야 합니다.

다음은 삶이 버겁고 힘든 서른을 위한 몇 가지 유용한 방법입니다. 현실의 벽에 부딪혔을 때 실천해 보면 도움이 될 거에요.

현실이 버거운 서른을 위한 다섯 가지 조언

• 도피가 아닌 도전을 선택하기

어떤 환경에 처해 있더라도, 그 상황을 피하기만 하거나 무기력하게 받아들이지 말고, 도전의 기회로 삼아야 합니다. 환경의 변화나 제약을 극복하려는 의지는 개인의 성장과 직결됩니다.

• 자신의 상황을 재평가하고, 전략적으로 대응하기

사회적 제약이나 현실적 문제에 직면할 때 감정적으로 반응하기보다 자신의 상황을 냉철하게 재평가하고, 전략적으로 대응하는 것이 필요합니다. 유학이나 이민 같은 큰 선택을 할 때도 그것이 단순한 도피가 아니라 새로운 도전으로 이어질 수 있도록 계획하고 준비해야 합니다.

• 내면의 힘과 회복 탄력성 기르기

어떤 상황에서도 무기력해지지 않고 살아남기 위해서는 내면의 힘, 즉 회복 탄력성을 기르는 것이 필수입니다. 프로이트가 자신의 내면을 깊이 탐구하고, 무의식을 이해함으로써 정신적 어려움을 극복했듯이 우리도 자신을 이해하고 감정과 스트레스를 관리하는 방법을 배워야 합니다.

• 사회적 네트워크와 지지 시스템 활용하기

어려운 상황에서 혼자 분투하기보다 친구, 가족, 동료와의 유대감을 통해 힘을 얻고, 더 나아가 사회적 연결 고리를 통해 문제를 해결할 수 있는 방법을 찾는 것이 중요합니다.

• 현실을 직시하고, 한계를 수용하는 능력 키우기

모든 것을 이룰 수는 없다는 사실을 받아들이고, 중요한 일과 할 수 있는 일에 집중하는 법을 배워야 합니다. 이는 무기력이 아니라 현실적이고 전략적인 선택입니다.

개인적으로, 역사적으로 격동과 격변의 시기를 살아 낸 프로이트가 보여 준 것처럼 어려움 속에서도 도전의 자세를 잃지 않고, 자신의 길을 개척하는 것이 중요합니다. 사회적 장벽과 제도적 제약 속에서 무기력해지지 않고, 자신만의 방법으로 문제를 해결해 나가며 도전과 성장을 이어 가는 서른을 응원합니다.

"살아 있는 한, 삶에서 문제와 어려움은 언제나 일어나는 것입니다. 여러 방향의 문을 열어 보며 자신만의 탈출구를 찾아보세요."

08

과거의 콤플렉스를
덮어 두지 말고 들여다보자

"취약함을 가리려 강한 척을 하지만,
취약함을 직면할 때 진정한 강함이 탄생한다."

　프로이트는 우리의 연약하고 취약한 곳에서 강점이 탄생한다
고 말했습니다. 이 모순적인 듯한 문장은 말장난처럼 느껴질 수
있을 테지만, 곰곰이 생각해 볼 만합니다. 사람마다 타고난 재주
와 강점들이 있으나 다른 사람들보다 약한 부분도 있을 수 있습
니다. 혹은 자라면서 어떤 외부의 힘이나 사건의 영향으로 상처
를 받아 병이 나고 약해진 부위가 생겼을 수도 있죠.
　하지만 약함을 그대로 둔다고 해서 저절로 강해지지는 않습니
다. 오히려 약한 부분들을 적절하게 다뤘을 때, 제대로 치유했을

때 더 강해질 수 있습니다. 이는 마음의 신비 중 하나이기도 합니다.

실제로 정신 분석과 상담은 자신이 가장 힘들어하는 부분을 건드려 나가면서 약점을 스스로 다룰 수 있을 정도로 마음이 튼튼해지게 돕습니다. 결국 상처나 약함 그 자체가 중요한 것이 아니라 이를 외면하거나 피하지 않고 직면할 수 있느냐 마느냐가 이후의 우리 삶을 결정하는 것이죠. 그러니 마주한 불안을 회피하지 않는 것, 덮지 말고 정면 돌파하며 풀어 가는 것이 서른에 들어서면서 꼭 익혀야 할 삶의 기술이 아닐까요?

넘어지는 것이 두렵다면
과거의 흉터를 들여다볼 것

여러분에게 32세 E 씨의 이야기를 소개하려 합니다. E 씨 또한 서른을 넘어서면서 이전에는 없던 불안증을 경험하고 무척 당혹스러웠습니다. 다행히 사랑하는 이의 도움을 받아 내밀하고 깊은 상담을 시작하게 되었습니다.

E 씨는 그 스스로 성취욕이 강한 사람이라고 소개했고 실제로도 이미 큰 성취를 이뤄 온 사람이었습니다. 30대가 되기 전에 부서의 팀장이 되었으며 회사에서도 매우 의욕적으로 일했습니

다. 그런데 작년부터 이상한 책임감에 짓눌리는 자신을 발견했습니다. 뭔가 프로젝트에 허점이 생기지 않을까 하는 염려에 자주 팀원들을 확인하고 재촉하는 버릇도 생겼죠. 정확히 알 수 없는 막연한 불안이 자주 올라오고 가까운 사람에게조차 신경질적으로 변하는 자신을 느낄 때 즈음 여자 친구의 권유로 상담을 시작했습니다.

E 씨는 상담 과정에서 예상치 못한 불안의 원인을 발견합니다. 그의 불안이 아버지에 대한 부정적인 감정과 연관되어 있다는 것이었습니다. 현재 그와 아버지는 심각한 갈등이나 어려움 없이 평범한 부자 관계로 잘 지내고 있는데도 말이죠. E 씨는 상담을 하면서 10세 이후부터 20세 정도까지는 아버지에 대해 내심 불평과 불만이 많았다는 사실을 떠올렸습니다. 어린 시절 아버지는 E 씨에게 다소 복합적인 존재였는데요. 그는 어릴 적부터 매사에 유능하고 진취적인 아버지를 동경했지만 여덟 살, 초등학교에 막 입학하자마자 아버지로부터 크게 꾸지람을 들은 일화를 기억해 냈습니다.

상담자: 아주 어릴 때는 아버지를 마냥 좋아했던 것 같다고 했는데 부정적인 감정은 언제부터 시작된 것 같으세요?

E 씨: 어릴 때부터 아버지를 유독 따랐던 것 같은데 한번은 아버지가 저를 무지막지하게 때리신 적이 있어요. 그렇다고 그 이후에 계속 체벌하신 것은 아닌데, 그때는 글씨가 왜 그 모양이냐면서 비난하시고 그랬죠. 당시에는 그렇게 혼난 적이 없어서 당황했던 것 같기도 하고, 조금 억울도 하고 또 무섭기도 하고 그랬던 것 같아요.

상담자: 그런 상황이 당신에게 어떤 영향을 미쳤을까요?

E 씨: 확실히 그 이후로 더 쉽게 겁을 내는 게 아닐까 하는 생각이 드네요. 실수를 두려워하고 뭘 잘못하거나 하면 저 혼자서 스스로를 비난하곤 했죠. 특히 중학교 무렵 자존감이 좀 낮아졌던 것 같기도 해요. 물론 이후에는 반장도 하면서 회복하긴 했지만요.

이후 E 씨는 자신은 아버지를 이기지 못하겠다는 생각이 막연히 들 때가 가끔 있었고, 그럴 때마다 낮은 자신감과 불안으로 이어진다는 것을 알게 되었습니다.

그는 이런 말을 했습니다.

"사실 지금 돌이켜보면 20대에도 불안이나 불확실성을 많이 느끼곤 했던 것 같아요. 지금처럼 이 정도로 크진 않았지만요.

남들 보기에는 제가 당차고 대범해 보이지만, 자주 실수를 두려워하고 자신을 충분히 믿지 못했죠."

E 씨는 처음에 자신이 실수를 두려워하는 것이 아버지로부터 받은 영향과 관련이 있다는 것을 선뜻 받아들이지 못했지만, 상담 과정에서 자신의 내적 갈등과 불안을 조금씩 수용하게 되었습니다. 아버지를 따르고자 했던 갈망만큼 아버지에 대한 분노와 억울함도 상당했다는 것을 깨달았죠. E 씨는 그동안 자신이 계속해서 아버지의 그림자를 따라가는 느낌이었는데 이제는 자신만의 길을 찾고 싶고, 자기의 전문 분야를 더 다지고 싶다며 내면의 소망을 전보다 솔직하게 들여다볼 수도 있었습니다.

물론 E 씨는 아버지에 대한 감정을 다루는 과정에서 혼란스러움을 느끼기도 했습니다. 상담을 하면서 아버지와의 관계가 자신의 삶에 얼마나 큰 영향을 미쳤는지를 깨닫게 되었죠. 그는 아버지가 완벽하지 않다는 사실을 이해하기 시작했고, 이 점이 가장 큰 변화라고 말했습니다.

아버지가 완벽하지 않다는 것을 이해한다는 것은 E 씨에게 어떤 의미였을까요? 아버지 역시 부족한 점이 있는 인간이라는 사실을 받아들이는 것, 이 부분은 스스로 '아버지의 아들'에서 독립된 한 사람으로 나아가는 데 큰 역할을 했습니다. 이후 그는 아버지의 불완전함을 받아들이기 위해 노력하는 것이 수월해졌고, 이를 통해 아버지가 준 상처가 조금씩 치유되는 느낌을 받고 있다고 말했습니다.

E 씨는 자신의 감정을 통해 아버지와의 관계를 조명해 보는 시간을 가졌고 더 나아가 조금 더 객관적인 어른의 눈으로 다시 평가할 수 있었습니다. 결국 그런 과정들을 통해 아버지가 자신에게 했던 행동을 더 이해하고 수용하는 데 성공했습니다. 그러자 실제로 일상에서 느껴지는 불안이 상당히 감소했고, 그 자신의 실수와 부족함에 대해서도 훨씬 너그러워졌죠. 자연스레 그의 팀원들을 대하는 자세 또한 상당히 여유로워졌습니다. 이런 변화 덕분에 E 씨는 자신의 능력과 리더십을 더 잘 발휘할 수 있게 되었습니다.

멀리할수록 커지고
가까워질수록 작아지는 콤플렉스

프로이트는 불안을 직면하고 받아들이는 것이 가져다주는 큰 효과에 대해 자신 있게 이렇게 말합니다.

"여러분, 자신의 불안이나 심리적인 문제(콤플렉스)를 없애려고 노력하지 말고 오히려 이해하고 조화를 이뤄 내도록 하세요. 그러면 훨씬 생산적인 삶을 살아갈 수 있습니다."

그 또한 불안을 친구 플리스나 연인과 나눴고, 솔직하게 기록해 두기도 했습니다. 프로이트는 자신과 아버지와의 관계, 부모님의 영향력을 이해해 보려고 노력했습니다. 그는 자신의 불안과 불완전함을 싫어하거나 덮어 두는 대신 자신의 무의식을 탐색하는 계기로 전환하고 심지어 마음의 이론을 발전시키는 학문적 성과로 승화했습니다.

1896년, 39세의 프로이트는 처음으로 '정신 분석'이라는 용어를 쓰기 시작했습니다. 위대한 출발이었습니다. 그런데 이듬해인 1897년, 그의 아버지 야코브 프로이트가 81세에 노환으로 사망합니다. 이때 프로이트는 예상하지 못한 강도의 슬픔과 상실감을 겪습니다. 자신감이 사라지고 위장 장애가 생겼으며 성생활도 원활하지 못했습니다. 아버지 다음으로 자신이 죽게 될 것이라는 죽음의 공포가 엄습해서 잠을 잘 수 없었죠. 프로이트는 친구 플리스에게 보낸 편지에서 이렇게 말했습니다.

"아버지의 죽음이 나의 가장 깊은 곳에 있는 과거의 모든 것을 다시 일깨웠네. 지금 나는 완전히 뿌리가 뽑힌 느낌일세."

프로이트는 아버지를 뛰어넘은 것, 살아남은 자가 된 것에 죄책감을 느꼈습니다. 1897년, 40세의 프로이트는 이 감정을 극복하기 위해 자기 분석을 시작했고, 주로 꿈을 분석했습니다. 그는 자기 내면에 어머니에 대한 성적 욕망 그리고 어머니를 독점하고자 아버지의 죽음을 바라는 금지된 소망이 있음을 발견했습니다. 벌을 받게 될 것이라는 무의식적인 믿음 때문에 불안에 떨었던 것이죠.

프로이트가 겪은 죄책감은 소포클레스의 비극 《오이디푸스 왕》과 비슷했습니다. 갓난아기 때 버려진 오이디푸스는 청년이 되어 고향으로 돌아와 왕인 아버지를 죽이고 어머니와 결혼해 안티고네라는 딸을 낳습니다. 나중에 오이니푸스 왕은 자신이 아버지를 죽인 사실을 알게 되고 죄책감에 자신의 눈을 뽑은 후 거지처럼 광야를 헤맵니다.

프로이트 역시 오이디푸스 전투에서 아버지를 이겼으며 이로 인해 죄책감과 거세 불안, 처벌 불안이 시작되었음을 이해했습니다. 프로이트는 자신이 경험한 부모에 대한 복잡한 심리적 갈등을 '오이디푸스 콤플렉스'라고 불렀습니다. 그는 처음에 오이디푸스 콤플렉스를 모든 인간에게 무조건 적용해서는 안 된다고 생각했고, 개별적인 차이가 있을 것이라고 생각했습니다. 하지만 점차 오이디푸스적인 관계가 어린 시절에 일어나는 일반적인 현상이라고 확신하게 되었죠.

이 시기에 프로이트는 또 다른 좌절을 겪었는데, 그동안 자신이 믿어 왔던 '유혹 이론'이 잘못되었음을 깨달았습니다. 유혹 이론이란 아이가 부모나 타인에 의해서 성희롱이나 성적 트라우마를 받으면 고통스러운 감정이 축적되고 그것이 다양한 신경증을 만든다는 이론입니다.

하지만 프로이트는 자신의 아버지가 결코 성적으로 자녀들을 학대한 적이 없는데도 프로이트 집안 안에서 히스테리를 겪는 사람들이 있다는 것을 떠올렸습니다. 철저하게 탐구해 만든 이론에 오류가 있음을 알았을 때 프로이트는 당혹스러웠을 것입니다. 하지만 그는 유혹 이론이 잘못되었음을 인정하고, 환자들이 이야기했던 성폭행 기억은 실제일 수도 있지만 대부분 환상에서 온 것이라고 수정했습니다. 그리고 이것이 오히려 정신 분석을 크게 확장하는 중요한 계기가 되었죠. 현대 정신 분석에서는 유혹 이론과 환상 이론, 두 이론 모두 다양한 맥락과 사례에서 고려되고 있습니다.

E 씨의 이야기는 불안을 회피하지 않고 직면하려고 노력했을 때 우리가 어떤 유익과 소득을 얻을 수 있는지를 알려 줍니다. 자신을 조금 더 깊이 이해하고 성장하는 과정을 보여 주죠. 그렇습니다. 우리가 현재 겪고 있는 불안과 이상한 행동들은 저마다의 이유가 있습니다. 우리가 바로 알지 못할 뿐입니다. 그러니 불안을 내가 나에게 전하는 내면의 신호라고 생각하고 절대 외면하지 말았으면 합니다. 이를 계기로 우리는 자신의 내면을 탐색하고 이해함으로써 두려움을 극복할 뿐만 아니라 한 단계 더 높고 나은 삶을 찾아갈 수 있을 테니까요.

자기 탐색과 이해의 과정은 분명 자기 인식을 높이고 내면의 갈등을 해소하는 데 큰 도움이 됩니다. 나와 내 과거의 관계들을 다시 볼 수 있도록 돕습니다. 과거와는 전혀 다른 차원에서 말이죠. 이런 작업을 해 나가다 보면 여러분은 말 그대로 자기 불안을 능동적으로 다루고 이를 활용하는 능력까지 덤으로 얻을 수 있을 것입니다. 감정에 취약하고 위태로운 사람이 아닌, 자기 감정을 자유자재로 다루는 사람이 되는 것이죠.

"문제를 회피하지 않고 직면하려는 노력은 문제를 빨리 해결할 수 있는 방법 중 하나입니다."

09

꿈을 실현하고 싶다면
때로는 현실과 타협할 것

"이드가 있던 곳에
자아가 있게 하라."

　프로이트는 인간의 무의식 속에 존재하는 욕망(이드)을 자아가 현실적으로 잘 조정하고 통제해야 한다고 했습니다. 이드라는 단어 자체는 생소하지만, 인간이 본래부터 갖고 있는 것을 지칭합니다. 그래서 프로이트는 맨 처음에 독일어로 '그것'이라 불렀는지도 모릅니다. 우리가 흔히 말하듯 "그거 있잖아"라는 식으로 말이죠. 영문으로 번역되는 과정에서 이드라는 용어가 새롭게 탄생한 셈인데요. 아주 많이 잘못되었느냐 하면 그렇지도 않은 것이 이드가 지닌 성격 중 '미지의 무엇', '사람의 무의식적인 측면'이 부각되었다고 보기 때문입니다.

이드는 우리말로 번역하지 않고 그대로 부르기도 하지만, 원초아(原初我)나 본아(本我)라는 한자어도 있습니다. 단어를 보면 알 수 있듯이 근본적인 본능이나 충동의 의미이죠. 프로이트는 결코 '그것'을 그대로 내버려 두라고 하지 않습니다.

무의식적 욕망과 본능적 충동은 늘 즉각적인 만족을 추구하고, 도덕이나 현실을 고려하지 않고 행동하려는 경향이 있습니다. 주로 성적 욕구, 공격성 같은 원초적인 욕망을 반영하며 늘 '쾌락 원리'에 따라 움직이죠. 마음속에서 이드만 득세하다 보면 당연히 현실과는 맞지 않기 마련이며 자신은 물론 사회와 좌충우돌할 수밖에 없습니다. 충동이 통제되지 않으면 개인의 삶에 혼란과 갈등을 초래하고, 자아의 통제를 벗어난 상태에서 쉽게 사회적 규범을 어기거나 도덕적 갈등에 빠질 수 있어요.

이때 프로이트의 말들은 우리에게 현실을 살아가는 방법을 분명히 알려 줍니다. 본능이 하는 대로 내버려 두지 말고, 자아를 통해 현실적이고 이성적인 결정을 내리는 것이 중요함을 상기시키죠. 우리가 본능대로만 살아가면 건강하고 성숙한 인격체가 아닌 무의식에 그치는 '그것'에 불과한 존재가 된다는 사실을 말입니다.

현실과 타협하는 것은
포기가 아닌 건강한 조화다

우리나라 문화에서 '입신(立身)'이라는 말을 많이 들어 보셨을 거예요. 문자 그대로 '몸을 세운다'는 뜻인데요. 더 나아가 자신의 인격과 위치를 확립하고 사회적 지위를 확고히 하는 것을 의미합니다. 동양 사상에서 나온 입신은 단순히 사회적 성공만을 의미하지 않습니다. 자신의 도덕적, 정신적 성장을 통해 존경받는 사람이 되는 것을 의미합니다.

진정한 입신양명은 자신의 인격을 세우는 데서 출발합니다. 타인의 가치나 도덕적 기준에만 의존하는 것이 아닌 자신만의 가치와 원칙을 세울 줄 알고, 그에 따라 살아가는 것이 입신입니다. 이런 기준에서 보면 단순한 물질적, 사회적 성공은 오직 본능만을 추구하는 것이 됩니다. 프로이트의 말처럼 진정한 자신이 되려면 원초적인 욕망을 넘어서 정신적 성숙과 도덕적 실천을 통한 삶의 목표를 달성하는 데까지 나아갈 수 있어야겠죠.

현대인들은 30대가 되면서 자신의 커리어와 삶의 방향에 대해 진지하게 고민하기 시작합니다. 대학을 졸업하고 정보 통신 업계에서 안정된 직장을 얻은 Z 씨도 마음 한구석에는 항상 사진작가가 되고 싶다는 꿈이 있었습니다. 현실적인 이유로 꿈을 포기하고 안정적인 직장을 선택했지만, 서른이 되면서 다시 꿈을 이루고자 하는 욕망이 강해졌습니다.

그러나 Z 씨는 신중한 고민 끝에 무턱대고 욕망을 쫓아가지 않기로 했습니다. 그렇다고 계속 억누르지도 않고 현실적으로 조정하기로 결심했죠. 조금 더 힘이 들고 경제적인 부담도 커지는 결정이었지만 자신의 에너지와 시간을 더 들이기로 했습니다. 그는 현재의 직장을 유지하면서 주말에는 사진 작업을 병행하며 점진적으로 자신의 꿈을 이뤄 나가기로 했습니다. 그는 내면의 본능을 무조건 억제한다고 해서 해결이 되는 것이 아님을 깨달았고, 무언가를 하기 위해서는 자신의 품과 노력이 매우 필요하다는 것도 받아들였습니다.

Z 씨는 최종적으로 양극단을 피하고 조화를 이루는 삶을 지향할 수 있었지만, 이 과정에서 남들처럼 충분한 지원이나 지지를 받지 못한 속상하고 억울한 감정을 먼저 해결해야 했습니다. 그런 뒤에야 비로소 자신의 욕구와 욕망을 무조건 억누르지 않아도 괜찮은 상태가 되고, 건강한 자아를 통해 현실과 타협하며 조화를 이루는 삶을 선택할 수 있었죠.

프로이트도 젊은 시절 비슷한 갈등을 겪었습니다. 그는 어릴 적부터 공부에 대한 열정을 품고 있었지만, 그의 아버지는 명예

롭고 안정적인 교수직에 대한 기대를 걸었습니다. 프로이트는 아버지의 바람에 따라 당시 저명한 학자 브뤼케 교수 밑에서 연구하며 학문의 길을 걸었지만, 현실과 이상의 갈등은 피할 수 없었습니다.

프로이트는 연구소를 떠나 개업하라는 브뤼케의 조언을 받고 자신의 이드와 자아 사이에서 깊은 고민을 했습니다. 아마도 부모님의 기대에 부응해야 한다는 압박도 있었을 것입니다. 그러나 그는 생계를 위해 현실적 타협을 선택하면서도 자신의 학문적 열정을 포기하지 않았어요. 의학을 통해 인간의 마음을 이해하고, 정신 분석학이라는 새로운 학문 분야를 개척함으로써 현실과 이상을 조화시키며 자신의 길을 꿋꿋이 걸어갔습니다.

이런 그의 선택은 단순히 현실과 타협한 것이 아니라 자아를 통해 자신의 이드를 현실적으로 충족하는 방법을 찾은 결과였습니다. 그는 정신 분석학을 통해 자신의 본능적 욕망을 승화하고 이를 통해 자아를 실현해 낸 것입니다.

자아는 본능이라는 말에
올라탄 기수와 같다

'성숙한 자아'라는 개념은 프로이트의 막내딸이자 저명한 정신 분석가인 안나 프로이트가 1936년에 쓴 책《자아와 방어 기제》에서 잘 드러납니다. 안나 프로이트에 따르면 어린아이는 자아가 미성숙해서 원초적인 이드의 욕망에 따라 행동합니다. 하지만 사회와 친밀한 대상과의 관계 속에서 자아가 점차 성숙해질 수 있다고도 말하죠. 물론 어른이 되어서도 여전히 미성숙한 자아를 가진 사람도 많습니다.

인간은 자아가 미성숙할수록 현실을 명확하게 판단하지 못합니다. 도덕적 기준도 확고하지 않습니다. 충동적인 성향이 커서 무모하게 위험한 행동을 합니다. 반면에 성숙할수록 이드의 본능적 욕구와 초자아의 도덕적 기준이라는 상충하는 요구들을 중재할 수 있죠. 여기서 중요한 표현이 '중재' 혹은 '타협'입니다. 우리가 이드를 지나치게 억압해도 삶이 활력을 잃고 무의미하게 느껴집니다.

예를 들어 프로이트는 자아가 이드를 제어하는 것을 기수와 말의 관계에 비유했습니다. 자아는 때로 이드를 이끌어야 하지만, 때로는 이드의 충동을 따라야 할 때도 있다고 말이죠.

안나 프로이트는 '현실 검증 능력'을 성숙한 자아의 중요한 특징으로 봤습니다. 현실 검증 능력이란 자아가 내면의 갈등이나 환상에 압도되지 않고 외부 현실을 평가하며 이에 적절하게 반응하는 능력을 말합니다. 그렇다면 현실 검증 능력을 갖추기 위해서는 무엇이 필요할까요? 바로 마음의 갈등, 무의식적 충동, 강렬한 감정들을 잘 처리하면서도 외부 현실을 왜곡하지 않는 성숙한 방어 기제가 필요합니다.

어린 시절에는 충동과 갈등을 해결하기 위해서 미성숙한 방어 기제를 씁니다. 예를 들어 현실을 부정하거나, 모든 것을 흑백으로 분열해 판단하거나, 자신의 문제를 외부로 투사하거나, 누군가를 이상화하든지 혹은 무가치하다고 평가절하합니다. 그래서 미성숙한 아이들이 상대를 천사나 악마로 보곤 하죠.

반면에 성숙한 방어 기제를 가진 사람은 감정적 갈등이나 스트레스를 건강하게 처리하고, 현실에 적응하는 능력이 뛰어납니다. 그래서 다양한 어려움이나 충동에 직면했을 때 심리적 균형을 유지하면서 적절히 대처할 줄 아는 것이죠. 성숙한 방어 기제를 가진 사람은 감정적 충동에 휘둘리기보다 문제를 이성적으로 분석하고 해결하려고 노력합니다.

예를 들어 스트레스 상황에서 감정적으로 반응하기보다 상황을 객관적으로 평가하고 실질적인 해결책을 모색하죠. 이들은 '억제'나 '승화' 같은 성숙한 방어 기제를 자주 사용합니다. 자신의 어려운 상황을 극단적인 위기로 받아들이지 않으며, 유머를 통해 스트레스를 해소할 수 있습니다. 유머는 자신이나 타인을 해치지 않고, 문제를 가볍게 넘길 수 있는 건강한 감정 표현 방법 중 하나입니다.

성숙한 방어 기제를 가진 사람은 자신의 원초적 충동이나 감정을 사회적으로 수용 가능한 방식으로 전환할 수 있습니다. 화가 나거나 공격성을 느낄 때 그 감정을 예술적 창작, 운동 또는 봉사 활동 같은 생산적인 활동으로 전환하는 능력을 지녔습니다. 이를 승화라고 부릅니다.

성숙한 자아를 가진 사람들은 자신의 감정과 행동을 객관적으로 바라보고 자신이 느끼는 감정이 특정 상황에 적절한지, 자신이 왜 그러한 감정을 느끼는지를 자각할 수 있습니다. 고통스럽지만 자신의 문제를 직면하고 성찰할 수 있기 때문에 함부로 상대를 비난하지도 않습니다. 현실에서 일어나는 일들을 이상적으로만 바라보지 않고, 있는 그대로 받아들이려는 태도를 보이기 때문에 가능한 것이죠. 그들은 부정 같은 미성숙한 방어 기제 대신 불쾌한 현실을 인정하고 이를 바탕으로 현실에 적응하려고 노력합니다.

게다가 성숙한 방어 기제를 가진 사람은 타인의 감정을 이해하고 공감할 수 있는 능력이 뛰어납니다. 이들은 다른 사람들과 적절한 경계를 유지하면서도 이타적인 태도로 다른 사람들을 돕고, 조화를 이루는 관계를 형성하려고 합니다.

요약하자면 성숙한 방어 기제를 가진 사람은 갈등 상황에서도 자기 자신과 타인을 존중하며, 감정적 반응을 건강하게 관리해 긍정적이고 생산적인 방향으로 나아가는 사람들인 것입니다.

본능에 휘둘리지 않을 무게 중심을 찾아라

Z 씨 같은 서른들에게 중요한 것은 이드와 자아 사이에서 무게 중심을 찾는 것입니다. 이드가 우리가 진정으로 원하는 것이 무엇인지 알려 준다면, 자아는 그것을 어떻게 현실적으로 실현할 수 있는지를 알려 줍니다. Z 씨는 자아를 통해 자신의 꿈을 점진적으로 실현하는 방법을 찾았습니다. 이는 중용의 철학과도 일치하는 접근입니다. 전통적으로 내려오는 입신양명에 대한 자신만의 의미와 그림을 그려 보는 작업은 자아를 키우는 데 큰 도움이 될 겁니다.

서른은 자아를 더욱 건강하고 강하게 만들어야 하는 시기입니다. 개인이 스스로 욕망을 통제하고, 이를 통해 자신의 인격과 지혜를 성장시켜 나가는 것은 무척 중요하지만 쉽지 않습니다. 그럼에도 지금부터는 본능이 휘두르는 삶에서는 최소한 벗어날 정도의 힘을 갖기 시작해야 합니다. 10대, 20대에는 강력한 육체적 본능에 따라 충동적인 행동을 하거나 무절제함에 빠질 수 있었겠지만, 30대부터는 자아가 핸들을 잡고 입신의 과정으로 들어가야 합니다. 사아가 이드와 초자아 사이에서 제대로 중심을 잡지 않으면 수많은 헷갈림과 망설임을 겪으며 삶의 중요한 순간들을 놓치기 쉽습니다.

그렇다고 입신의 과정이 도를 닦아 충동을 없애거나 본능을 죽이는 것이 아니라는 점을 명확히 해야겠습니다. 오히려 자신의 본능적 욕구와 충동을 무시하지 않고, 절제된 방식으로 무탈하게 목표를 이룰 수 있도록 돕는 과정에 가깝습니다. 자신을 통제하는 주체가 이드가 아니라 나라는 인격체가 되도록 하는 것일 뿐입니다. 또한 이 과정은 사회와도 조화를 이루고 사람들과도 갈등을 조율하며 함께 살아가는 것을 지향합니다. 결국 개인이 도덕적이고 사회적으로 존경받는 존재가 될 수 있도록 돕는 것이죠.

따라서 서른에는 자신의 꿈과 현실을 조화롭게 통합할 수 있는 방법을 찾는 것이 중요합니다. 이를 통해 우리는 더 건강한 자아를 확립할 수 있으며, 이는 앞으로의 삶에 큰 영향을 미치게 될 것입니다.

건강한 자아를 통해 이드의 충동을 승화하는 것이 진정한 성공이자 진짜 입신양명이라는 것을 잊지 마세요. 이드뿐 아니라 초자아 사이에서도 균형을 유지하며, 자신을 성장시키고 사회적으로도 성공적인 삶을 이끌어 갈 수 있도록 자아의 힘을 키워 나가야 합니다

'미지의 그것'이 있던 자리에 '나라는 한 사람'이 온전히 자리 잡고 설 수 있도록 하세요.

"본능에 휘둘리지 않으려면 나 자신의 본능을 꿰뚫어 보는 통찰의 힘을 키우세요."

10

왜 우리는 일하면서도
행복하지 않을까

"사람들은 보통 거짓된 기준으로 자신의 가치를 측정한다.
그들은 권력, 성공, 부를 찾고 다른 사람들의 권력, 성공, 부에 경탄한다.
하지만 인생에서 진정으로 가치 있는 것이 무엇인지
찾아가는 과정은 과소평가한다."

프로이트는 사람들이 권력과 성공, 부를 삶의 기준으로 삼는
것을 비판했습니다. 그는 사람들이 진정한 가치를 간과한다고
봤습니다. 서른은 삶의 잘못된 기준에 대해 다시 생각해 보고,
자신에게 진정으로 중요한 것이 무엇인지 발견할 수 있는 최적
의 시기입니다. 물질적 성공보다 중요한 내면의 가치를 찾고, 자
신이 진정으로 추구해야 할 삶의 의미를 깨닫는 과정이 30대에
일어납니다. 그러면서 '일의 기능과 가치'에 대해 다시 생각하게

되죠. 이 시기는 사회에서 자리 잡아야 한다는 압박감과 함께 진정한 행복과 삶의 의미를 찾아 깊이 고민하는 때이기도 합니다. 따라서 이 시기에 특히 중요한 것들 중 하나는 '일'의 의미입니다.

"현실에 단단히 뿌리내리고 살 수 있는 가장 확실한 방법은 자신의 일에 중요한 의미를 부여하는 것이다."

프로이트의 이 말은 우리가 일과 현실을 어떻게 연결해야 하는지를 잘 보여 줍니다. 프로이트에 따르면 자신이 중요하게 생각하는 요소가 반영된 일을 하는 것 그리고 이를 실현할 수 있는 일을 찾는 것이 매우 중요합니다. 삶과 일은 불가분의 관계에 있습니다. 일에 대한 정의를 내려 봅시다. 여러분에게 '일'은 무엇인가요?

필요에 의한 일에서
만족을 위한 일로

일에 대한 관점과 철학은 그 사람이 삶을 어떻게 생각하고 바라보는지를 짐작하게 합니다. 어떤 이는 노동 그 자체를 인간의 본질적 활동으로 여기기도 하고, 철학자 니체는 일을 포함한 모든 활동이 개인의 권력 의지를 표현하는 수단이라고 이야기했습니다. 그렇다면 프로이트는 일을 어떤 관점으로 봤을까요?

"일은 자기애적 욕구, 공격적 충동, 성적인 충동 속의 리비도 같은 요소들을 전문적인 일과 관련된 인간관계로 이동시킬 수 있도록 한다."

프로이트는 일이 인간에게 핵심적인 의미를 지닌다고 생각했습니다. 일이 단순한 생계유지 수단이 아니라 우리의 본능적 욕구를 승화하고 사회적 위치를 확립하는 데 중요하게 기여한다고 말했죠. 일이 개인의 본능적 에너지를 승화하는 과정으로서 중요한 통로가 되고, 이를 통해 궁극적으로 인간이 정신적 안정을 찾아 나간다고 봤습니다. 또한 일이 인간이 야만스러워지지 않도록 도와주며 사회에 섞이는 데 매우 중요한 역할을 한다는 것입니다. 특히 자유롭게 선택한 자기 고유의 전문적인 직업 활동은 특별한 만족감을 주며 자신의 성향과 기질, 본능적인 충동을 승화하고 활용할 수 있는 장을 열어 줍니다.

그런데도 사람들은 일을 행복에 이르는 길로 중요하게 평가하지 않는 경우가 많아 프로이트는 이를 매우 안타까워했습니다.

사람들이 다른 곳에서 얻으려고 하는 만큼의 만족을 일에서는 찾지 못한다고 말이죠. 대다수의 사람은 필요에 의해서만 일을 하거나 일 자체를 싫어합니다. 일에 대한 인간의 자연스러운 혐오는 결국 어려운 사회적 문제를 야기합니다.

만약 사람에게 적절한 일이 주어지지 않는다면 성적, 공격적, 자기애적 충동 같은 본능적 에너지를 제대로 승화할 수 없어 내적 어려움을 겪을 뿐만 아니라 현실적인 갈등과 충돌을 일으킬 수 있습니다. 또 일에서 스스로 어긋나기 시작하면 점차 권력 지향에 빠지거나 불필요한 싸움과 분란을 일으키기 쉬운 상태가 됩니다. 따라서 자신이 진짜 좋아하고 잘하는 일은 내면의 갈등을 해결하고 자아를 강화하는 삶의 필수적인 요소입니다.

따라서 현대를 살아가는 30대들은 한 가지 직업에만 몰두하는 것에 대해 다시 생각해 볼 필요가 있습니다. 이제는 투잡, 스리 잡, N잡 등 한 사람이 다양한 일을 하는 경우가 흔해졌고, 이는 일에 대한 전통적인 개념을 넘어 새로운 가능성을 열어 줬습니다. 직업을 하나로 한정 지을 필요도 없고, 일부러 가짓수를 늘리려고 애쓸 필요도 없습니다. 중요한 것은 자신의 삶에 맞는 균형을 찾고, 그 과정에서 진정한 만족과 의미를 찾는 것입니다.

'융합'이라는 개념은 이제 사회적 트렌드에만 국한되지 않습니다. 개인의 삶 속에서도 융합이 실현될 수 있습니다. 다양한 경험과 직업을 조합해 새로운 가능성을 열고, 이를 통해 더 풍부하고 다채로운 삶을 만들어 가는 것이 융합의 진정한 의미입니다. N잡은 결국 여러분에 의해 하나의 일로 재창조될 수도 있습니다. 여러 분야에서 쌓은 지식과 역량을 결합해 자신만의 독창적인 커리어를 만들어 가는 과정이 될 수 있다는 것이죠.

출근이 기대되지 않는다면 새로운 직장을 찾아 떠나자

내 가치에 맞게 사는 것이 행복한 삶이다

F 씨는 20대 초반에 자신의 능력을 발휘할 수 있다고 생각한 대기업에 입사했습니다. 그는 빠르게 승진하며 주위로부터 인정을 받았고, 회사 내에서 중요한 위치를 차지했습니다. 그러나 그는 시간이 지나면서 자신이 진정으로 원하는 삶과 현재의 직업이 맞지 않는다는 불편한 진실을 깨닫기 시작했어요.

F 씨가 처음 직장을 선택할 때는 안정적인 수입과 성공이 가장 중요하다고 여겼으나 시간이 지나면서 현재의 목표에 회의를 느끼고 직업적 보람을 잃어 갔습니다. 그리고 사실 자신보다 부모님의 기대와 권유에 더 많은 무게를 두고 있었음을 깨달았

습니다. 돈과 지위를 따라가는 삶은 그에게 더는 큰 의미를 주지 못했고, 그러다 보니 기분이 전반적으로 저조해지고 막연한 불안감이 생겼습니다.

이런 감정은 서서히 F 씨의 정신적, 신체적 건강에도 영향을 미치기 시작했는데요. 이 갈등은 그가 서른을 넘어서며 절정에 달했습니다. 그는 매일 아침 출근하기 전에 깊은 한숨을 쉬며 자신이 정말로 원하는 것이 무엇인지 스스로에게 물었습니다.

결국 F 씨는 깊은 고민 끝에 직업을 바꾸기로 결심했습니다. 그는 대학 시절부터 관심이 있었던 사회적 기업에서 일하기로 마음먹었고, 그 과정에서 삶에 대한 가치관이 완전히 바뀌었습니다. 새로운 직업은 이전보다 수입이 적었고 사회의 인식도 달랐지만, F 씨는 매일 아침 일어나는 것이 즐거워졌습니다. 그렇게 자신이 진정으로 중요하게 여기는 가치를 추구하며 일에서 보람을 느낄 수 있었습니다. 이 경험을 통해 F 씨는 진정한 행복이 권력이나 성공이 아니라 자신의 내면과 가치에 맞는 삶을 사는 데 있음을 깨달았습니다.

때로는 도전이 안정보다 의미 있다

T 씨도 30대 중반이 되면서 자신의 직업과 행복에 대해 깊은 고민이 생겼습니다. 그는 대학 졸업 후 바로 시험을 보고 선생

님이 되었습니다. 그러나 최근 들어 이 직업이 과연 자신이 원하는 것인지 그리고 이로 인해 진정한 행복을 느끼고 있는지에 대해 의문을 품기 시작했습니다.

직장과 경제 상황은 매우 안정적이었지만, 아이들을 기존에 정해져 있는 방식대로 가르치고 돌보는 일이 자신과 맞지 않다는 한계를 느꼈습니다. 자신이 세운 목표를 이루기 위해 달려온 것은 분명하지만, 그 목표가 자신의 진정한 행복과 연결되어 있는지 깊이 들여다보게 되었죠.

그러다가 얼마 전 소규모 스타트업에서 일하는 가까운 친구를 만나고 나서 경제 분야나 비즈니스에 부쩍 흥미와 관심이 생겼습니다. 지금 당장 많은 돈을 벌지는 못하지만, 매일 도전하며 자신의 열정을 발휘하는 친구를 보고 있자니 부러운 마음이 들었습니다. 이제라도 복수 전공한 경영학을 살려 보고 싶은 생각이 강해졌죠. 그래서 비록 늦은 감이 있지만, 적성에 맞는 직업을 찾는 것이 삶의 행복과도 연결된다는 확신이 들어 새로운 취업에 도전해 볼 용기가 생겼습니다. 결국 T 씨는 외적인 안정이나 성공에 의존하기보다 자신이 좋아하고 진정으로 의미 있는 것을 찾으려고 노력하면서 다시 활력을 얻게 되었습니다.

프로이트는 일을 통해 개인이 현실에 뿌리를 내리고, 사회와 연결될 수 있다고 생각했습니다. 그래서 그는 의학을 공부한 후 자신의 진로를 정신 분석학으로 결정했습니다. 당시 정신 분석학은 새로운 분야였고, 그에게 이 길을 선택한 것은 큰 도전이었습니다. 그의 가족과 주변 사람들은 그가 안정적인 의사의 길을 걷기를 원했으나 프로이트는 자신의 열정을 따라 정신 분석학에 몰두했죠.

그는 자신의 직업에서 만족감을 찾긴 했으나 이 과정에서 많은 어려움도 겪었습니다. 당시 주류 학계에서 인정받지 못했고, 자신의 이론을 증명하기 위해 큰 노력을 기울여야 했습니다. 그 결과 프로이트는 자기 일을 통해 자아를 실현하고 그의 이론이 널리 인정받을 수 있었죠. 프로이트의 이야기는 우리가 직업에서 느끼는 만족감이 단순히 물질적인 성공이 아니라 자신이 진정으로 중요하게 여기는 가치를 실현하는 데서 온다는 것을 보여 줍니다.

하루의 절반을 일하며 보내는데
왜 다른 곳에서 행복을 찾으려 하는가

프로이트는 인간이 행복하기 위해서는 두 가지 욕구가 충족되어야 한다고 설명합니다. 첫 번째는 외로움에서 벗어나게 해 주는 친밀한 관계에 대한 욕구이고, 두 번째는 자아실현과 사회적 기여를 가능하게 하는 일에 대한 욕구입니다. 친밀한 관계는 고립에서 벗어나게 도와주고, 직업은 우리 자신의 가치를 세상 속에서 정의하고 발견하게 도와줍니다. 이 중에서 친밀한 관계에 대한 욕구가 좌절될 때는 '외로운 우울증'이 발생하고, 자기 성취의 욕구가 좌절될 때는 '죄책감 우울증'이 발생합니다.

이 두 가지 욕구를 만족시키기 위해서는 현재 내가 느끼는 욕구를 선명하게 인식하고 현실에 맞춰 타협하고 승화할 수 있는 심리적인 힘이 필요합니다. 이 능력은 저절로 생겨나는 것이 아니라 다양한 경험과 인간관계 속에서 발달해 나갑니다.

문제는 이 두 가지 욕구 충족의 과제가 때때로 충돌하고 갈등 상황을 일으킨다는 점인데요. 그래서 프로이트는 이 두 영역 사이에 균형이 필요하다고 말했습니다.

예를 들어 친밀한 관계, 사랑의 관계를 위해서 우리는 누군가와 연합하고 친밀해지고자 하는 충동을 허용하고 추구해야 합니다. 반면에 일을 하기 위해서는 관심이 자신에게 집중해야 하고, 업무의 숙달을 위해 시간과 에너지를 제 일에 투자해야 합니다. 즉 친밀한 관계를 추구하는 것이 공동의 행복을 추구하는 것(이타주의)이라면, 일의 성공을 추구하는 것은 개인적 행복을 추구하는 것(개인주의)입니다. 그래서 우리는 친밀한 관계를 위해서 자신에게 집중할 시간과 에너지를 희생해야 할 때 갈등과 불안, 죄책감을 느끼곤 하죠.

또 다른 예를 들어 보겠습니다. 일에서 성공하고 높은 성취를 얻기 위해서는 공격적 충동과 경쟁적 감정을 허용하고 이용할 수 있어야 합니다. 공격적 충동이 꼭 나쁜 것은 아닙니다. 프로이트에 따르면 공격적 충동은 우리가 자율성을 갖도록 하고, 자신의 경계를 선명하게 주장하게 하며, 스스로 문제를 해결 할 수 있게 도움을 줍니다. 하지만 공격적 충동은 상대를 통제하려는 행동으로 나타나서 관계를 훼손하거나 반항적인 태도로 표현되어 권위자의 공격을 유발할 수 있습니다. 이 때문에 공격적이고 경쟁적인 감정은 종종 불안과 죄책감을 불러오는 것이죠.

행복을 위해 일하지 말고 일에서 행복을 찾자

프로이트는 우리가 행복한 삶을 사는 데 필요한 중요한 지혜를 알려 줬습니다. 그것은 친밀한 관계에 대한 욕구와 자신을 실현하고 정의하고 싶은 욕구를 모두 존중하되 상황에 따라 균형을 잡아 가는 노력이 필요하다는 것입니다. 덧붙여 프로이트는 이것이 매우 어려운 과제라는 것도 알려 줬습니다. 이 어려운 과제를 해 나가기 위해서는 심리적 유연성과 자존감이라는 중요한 자원이 필요할 것입니다.

프로이트는 일을 통해서 인간이 본능적 충동을 조율하고 통제해 나가면서 사회적 규범에 적응하는 과정에 초점을 맞췄습니다. 일 자체에 매몰되기보다 일을 통해 사람이 자아를 성장시키고, 심리적 건강을 유지하는 과정에 더 집중했죠. 그만큼 프로이트는 일을 단지 인간의 경제적 활동이 아니라 '심리적 안정과 만족'을 제공하는 중요한 수단으로 본 것입니다.

이렇게 생각해 볼 수 있어요. 만약 사람에게 적절한 일이 없다면 어떻게 될까요? 자신의 본능적 에너지를 제대로 승화할 수 없기 때문에 정신적 안정은커녕 내적 어려움뿐만 아니라 현실적 갈등과 충돌을 겪을 수밖에 없을 것입니다. 일에서 스스로 어긋나면 자연히 권력 지향에 빠진다거나 불필요한 싸움과 분란을 일으키기 쉬운 상태가 됩니다. 따라서 내면의 갈등을 해결하고 자아를 강화할 수 있도록 자신이 좋아하고 잘하는 일을 선택해야 합니다.

일은 인간의 행복에 매우 중요한 요소입니다. 하지만 많은 사람이 일을 삶의 필수 요소라고 말하면서도 그 중요도와 가치를 인정하지 않으려는 경향이 있습니다. 프로이트가 대다수의 사람이 일을 단순히 생계유지 수단으로만 여기고, 진정한 행복은 다른 곳에서 찾으려 한다고 비판했던 것을 다시 기억해야 합니다. 프로이트에 따르면 자신이 중요하게 생각하는 것이 반영된 일을 하는 것, 이를 실현할 수 있는 일을 찾는 것은 인생에서 매우 중요한 과제입니다. 자신에게 맞는 일을 찾아 잘 해내는 사람은 그만큼 내면이 건강한 것이죠. 그러니 돈을 얼마큼 버느냐와는 별개로, 어떤 식으로든 자신만의 일을 찾는 노력은 꼭 필요합니다.

일은 자아실현과 정신적 안정을 위한 중요한 수단이며, 자신만의 일을 통해 우리는 사회에 기여하고 자신도 발전시킬 수 있습니다. 서른이라는 나이에 일과 행복의 조건을 다시 생각하는 과정은 우리에게 삶의 진정한 의미를 찾아가는 중요한 기회를 제공한다는 사실을 꼭 기억하고 명심하길 바랍니다.

일이 지닌 세 가지 의미

- 일을 단순한 생계 수단이 아닌 자아실현의 수단이다

일을 통해 자신의 내면의 에너지를 긍정적인 방향으로 표현하고, 자신의 가치를 실현하는 기회로 삼으세요.

- 일과 관련된 갈등이 있을 때 이는 단순한 스트레스가 아니라 심리적 성장의 기회일 수 있다

프로이트의 이론에 따르면 일에서의 갈등은 본능적 에너지를

승화하고, 자아를 강화하는 중요한 과정입니다.

• 일과 삶의 균형을 잘 맞춰야 한다

일을 통해 자아를 실현하고 사회적 환경에 적응하며, 심리적 안정을 찾는 것은 중요합니다. 그러나 일에만 몰두해 다른 소중한 삶의 요소들을 놓치지 않도록 주의하세요.

당연히 일에 대한 의미와 기준은 사람마다 다릅니다. 어떤 이에게는 안정적이고 체계가 잡힌 일이 중요하고, 어떤 이에게는 도전과 영감을 주는 일이 중요할 수 있습니다. 사람을 돕는 것에서 가치를 발견할 수도 있고, 자신의 주도성과 통솔력을 발휘할 때 만족과 뿌듯함을 느끼는 사람도 있습니다. 경제적인 성과나 사람들과의 상호 작용에서 성취감을 느끼는 사람이 있는가 하면 혼자만의 시간에 자신만의 결과물을 만들어 내면서 더 큰 행복을 발견하는 사람도 있습니다.

그러나 무엇보다 중요한 것은 '나 자신이 무엇을 중요하게 여기고 또 어디에서 재미를 느끼는가'입니다. 자신의 가치를 외부에서 찾기보다 내면에서 찾으려는 노력이 필요합니다. 인생에서 자신의 진정한 가치를 발견하는 과정은 꼭 필요하며 가장 적기가 서른 즈음입니다.

사람은 자신의 열정을 발휘할 수 있는 일을 만날 때 행복해진다고 합니다. 그리고 내면에서 뿜어 나오는 그 에너지는 누가 강요한다고 해서 억지로 나올 수 있는 것도 아닙니다. 자아실현은 자기 고유의 열정이 드러나고 표현될 수 있는 일을 만날 때 비로소 가능해집니다.

서른이 지나기 전에 자신과 꼭 맞는 일을 찾았다면 행복한 삶을 향해 이미 진입한 것입니다. 그 일은 끝까지 붙들 수 있도록 최선을 다하세요. 아직 인생 직업을 만나지 못했다면 포기하지 말고 사람마다 고유의 열정과 내면의 에너지가 존재한다는 것을 기억해야 합니다. 열정이 없어서가 아니라 적당한 대상을 만나지 못했을 뿐입니다. 내면의 열정도 그 열정에 걸맞은 대상을 발견하고 만나기만을 고대하며 기다리는 중일 겁니다.

"자신에게 맞는 연인을 찾는 것만큼 자신의 에너지와 그 방향에 맞는 일을 찾는 것도 중요합니다."

II

가장 불확실한 시기에
자유와 책임의 갈림길을 지나는 법

"신경증이란
모호함을 견디지 못하는 것이다."

　프로이트는 모호함과 불확실성을 견디지 못하는 것이 신경증을 일으킨다고 봤습니다. 인간은 삶에서 다양한 갈등과 불확실성에 직면합니다. 이런 상황에서 적절한 결정과 판단을 내리지 못하면 심리적 갈등이 신경증으로 발전합니다. 특히 서른 살은 이상과 현실 사이의 갈등이 극대화되고 자아, 이드, 초자아 간의 충돌이 심화되는 시기입니다.

　이때 자유와 책임의 문제는 심리적 부담을 증가시키며, 성숙한 결단을 요구하죠. 프로이트는 우리가 이 모호함과 갈등을 직시하고, 그것을 수용할 때 비로소 성숙한 어른으로 성장할 수 있다고 강조했습니다. 그런데 걸림돌은 현실에만 있는 것이 아니라 사람들의 내면에도 존재한다는 게 더 큰 문제입니다.

책임이 두려워 스스로를 가두는 피터 팬 증후군

"사람들은 실제로 자유를 원하지 않는다. 왜냐하면 자유는 책임을 포함하고 대부분의 사람은 책임을 두려워하기 때문이다."

프로이트는 인간이 자유를 두려워하는 이유가 그에 따르는 책임 때문이라고 지적했습니다. 우리는 더 많은 자유를 원하면서도 그 자유가 가져오는 책임의 무게를 회피하고자 하는 경향이 있습니다. 이는 일명 '피터 팬 증후군'으로 불리기도 합니다. 성인이 되기를 거부하고 책임을 회피하려는 심리적 경향을 말하죠. 많은 사람이 자유가 가져오는 무거운 책임이 두려워 자신을 제한된 상황에 묶어 두기도 합니다.

이 같은 현상은 현대 사회에서 더욱 두드러지며, 30대가 겪는 갈등의 주요 원인 중 하나가 됩니다. 우리는 사회적 압박 속에서 책임을 다해야 한다는 부담을 느끼면서도 한편으로는 여전히 자유롭고 책임 없는 삶을 그리워하는 마음과 환상에 묶여 있습니다. 자유와 책임 사이에서 적절한 균형을 찾지 못할 때 내면에서는 심리적 갈등으로 이어지며, 이로 인해 많은 사람이 신경증적인 증상에 시달리기도 합니다.

프로이트의 "개인의 자유는 문명의 자산이 아니다"라는 말처럼 우리는 우선 자유가 거저 주어지는 것이 아니라는 사실부터 정확하게 받아들일 필요가 있습니다. 어쩌다 선물처럼 자유가 주어진다고 하더라도 이를 지키고 가꿔 나갈 책임은 그 개인에게 있습니다. 그렇기 때문에 많은 사람이 '자유로운 선택과 결정'을 스스로 마다하는 일이 발생하죠. 대개 책임의 무게를 감당하는 관문에서부터 막힙니다. 결국 이 과제는 건강한 자아 확립을 통해서만 뛰어넘을 수 있습니다.

L 씨는 최근 늘어나는 책임감 때문에 전에 없던 스트레스와 함께 자유에 대한 갈망이 커지고 있음을 느꼈습니다. 요즘 주말마다 장기간 여행을 떠나고 싶은 충동이 떠오르곤 합니다. 대학 시절에는 무엇이든 할 수 있다는 자유로움 속에서 살아왔지만, 이제는 매일 직장에서의 책임감과 압박에 점점 구속되고 있다고 느꼈죠. 그는 '너무 일찍 일의 감옥에 갇힌 것은 아닌가' 하는 고민 때문에 서글프고 아쉬웠습니다. 자유를 잃어버렸다는 억

울함도 있었지만, 한편으로는 책임을 회피하고자 하는 마음과 그에 따르는 죄책감 사이에서 더 심한 갈등을 겪었습니다.

그러다가 L 씨는 자신이 어른의 역할을 회피하고 있다는 사실을 깨달았습니다. 피터 팬 증후군처럼 의무를 미루고 싶어 하는 충동이 마음 한편에 자리 잡은 동시에 이제는 아이처럼 살 수 없다는 현실적 압박도 느꼈죠. 자유를 향한 무의식적인 갈망은 책임감이 강한 그로서는 도저히 상상할 수 없었고, 쉽게 받아들이기 어려웠습니다. 하지만 그는 자신도 모르게 여전히 어린 시절의 무책임한 삶을 그리워하며 내면 깊숙이 의존할 대상을 갈구하고 있다는 사실을 인정할 수밖에 없었습니다.

이는 성숙한 어른이 되어야 한다는 사회적 부담감을 강하게 느끼면서도 마음 한편에 인정과 보호에 목말라 했던 아쉬움이 남아 있기 때문입니다. 그는 비록 갈등을 완전히 풀어내지는 못했지만, 왜 자신이 현실에 뿌리내리지 못하고 있는지에 대한 이유를 분명하게 조명할 수 있었습니다. 자유와 책임 사이에서 여전히 머뭇거리고 있던 자신의 현 상태를 직시하게 된 것이죠.

프로이트도 젊은 시절 자유와 책임 사이에서 갈등을 겪었습니다. 그는 학문에 대한 열망과 가족을 부양해야 하는 책임 사이에서 고민했으며, 당시의 사회적 기대와 자신의 욕망 사이에서도 끊임없이 충돌을 경험했습니다. 하지만 프로이트는 이 갈등 속에서 자신을 억누르지 않고, 자유와 책임을 조화시키려 노력했습니다. 그는 개인의 자유는 문명이 제공하는 자산이 아니며, 오히려 문명은 개인에게 책임을 요구하며 자유를 제한한다고 봤습니다. 그리고 이런 사회적 구조 속에서 자신이 해야 할 역할과 그 책임을 받아들이는 동시에 자신의 욕구를 승화하는 방법도 찾았습니다.

모호함을 견디지 못할 때 강박이 생긴다

신경증적 성향이 있는 사람들은 모호함에 대한 불안이 과도하게 큽니다. 프로이트는 이것이 어린 시절의 불안 경험과 심리적 상처에서 온다고 말합니다. 이들은 모든 것이 분명해야 하고, 모든 것을 예측하고 통제할 수 있어야 하며 어떤 갈등과 망설임도 없어야 안심이 됩니다. 그래서 이들은 모호함과 불안을 줄이기 위해 강박적인 행동을 취합니다.

예를 들어 완벽한 결정을 내리기 위해 지나치게 신경을 쓰거나 다른 사람의 행동을 세심하게 분석해 모든 것을 통제하려는 경향을 보일 수 있습니다. 이런 행동은 일시적으로 모호함을 줄여 줘 불안을 덜 수 있지만, 매사를 이렇게 강박적으로 대처하다 보면 결국 문제를 해결하지 못하고 심리적 부담만 더욱 커지게 되는데요. 이것이 바로 신경증입니다. 따라서 "신경증은 모호함을 견디지 못하는 상태에서 온다"라는 말은 불확실성에 대한 과도한 불안에서 벗어나려는 병적인 대응이 신경증을 만든다는 뜻입니다. 우리가 모호함을 견디는 능력을 갖추지 못할 때 삶의 복잡하고 애매한 부분들을 받아들이기 어렵고, 결과적으로 지속적인 스트레스와 불안을 경험할 수밖에 없습니다.

회피할 핑계 대신 책임질 용기가 필요하다

프로이트는 어린아이들이 불안과 괴로운 감정 상태에서 벗어나고자 사용하는 중요한 방어 기제를 발견했습니다. 바로 '투사'와 '외현화'입니다. 어린아이들은 불편한 감정이나 생각을 다른 사람이나 외부 상황에 자연스럽게 돌림으로써 감정적 부담을 덜어냅니다.

투사의 예를 들어 보면 네 살짜리 아이가 동생에게 화가 났을 때 본인이 화를 내고 있음을 인지하지 못하고 '동생이 나한테 화 냈어!' 하고 생각합니다. 자신이 느끼는 '화'라는 괴로운 감정을 상대방에게 투사한 것입니다.

외현화의 예를 들어 보면 어떤 아이가 친구들과 놀다가 지고 나서 "이 게임이 너무 엉터리라서 내가 못 이겼어!"라고 말을 하는 것입니다. 이는 자신의 실패나 무능감을 받아들이기 힘들어서 그 게임이 바보 같다고 생각하며 원인을 외부 환경에 돌리는 것입니다.

앞서 언급한 책임감이 강한 L 씨는 회사가 자신의 자유를 억압한다고 느꼈습니다. 그리고 그 억울한 상황에서 탈출하기 위해서 퇴사를 생각했습니다. 책임감 강한 그는 자신의 책임을 완수하기 위해서 자신의 욕구 만족을 포기하거나 미뤄야 했겠죠. 여전히 어린 시절에 머물고 싶어 하는 그가 이해됩니다.

하지만 프로이트는 여기서 한 발 더 나아가 생각해 보라고 할 것입니다. L 씨가 다른 회사에 가도 그는 과연 자유로워질까요? 아마 프로이트는 L 씨가 자신의 내면에 있는 책임감을 회사라는 외부 상황에 투사하고 있다고 말할 것입니다. 사실 자신을 압박하는 것은 내면에 있는 완벽주의인데, 회사가 그에게 완벽을 요구한다고 느꼈을 수도 있다는 것이죠.

하지만 그렇다고 해서 퇴사가 답은 아닙니다. 왜냐하면 L 씨는 마음속의 엄격한 요구를 다음의 회사에도 갖고 갈 것이기 때문입니다. 그곳에서도 그는 책임감 있게 노력을 하다가 어느 순간부터 회사가 자신을 지나치게 압박한다고 느끼겠죠.

프로이트는 우리에게 우리가 겪는 '부자유함'이 외부에서 온 것인지, 아니면 내면의 '엄격한 요구'를 투사하고 있는 것인지를 구분하라고 권합니다. 만일 문제의 원인이 외부에 있다면 그곳에서 탈출해야 합니다. 하지만 원인이 나의 내면에 있다면 그 엄격한 요구와 완벽주의를 현실적이고 유연한 목소리로 바꿔야 심리적 자유를 찾을 수 있습니다.

서른에 접어든 우리는 현실과 이상 사이에서 갈등하며, 자유와 책임 사이에서 혼란을 겪기 쉽습니다. 그러나 중요한 것은 이 갈등을 단순히 회피하는 것이 아니라 이를 직시하고 책임질 용기를 갖는 것입니다. 자유를 갈망하는 마음이 있더라도, 그 자유가 가져오는 책임을 기꺼이 받아들이는 성숙함이 필요합니다.

포기와 선택의 갈림길에 서 있는 서른에게

"할 수 없다면 포기하세요!"라는 말처럼 선택의 용기와 마찬가지로 때로는 무언가를 포기할 줄 아는 용기가 필요합니다. 여기에서 포기는 인내심이 없어서, 끈기가 없어서 하는 무기력한 패배가 아닙니다. 자신에게 진정으로 중요한 것이 무엇인지를 깨닫고 그것에 집중하기 위한 결단이자 현실적 한계를 인식하고 수용하는 능력이라 할 수 있습니다. 자신이 모든 것을 가질 수 없다는 현실을 인정하고, 책임을 지는 과정에서 성장하는 것이 중요합니다.

또한 진정한 자유는 무책임한 상태에서 오는 것이 아닙니다. 책임을 다하면서도 자신이 원하는 삶을 살아가는 데서 비롯되는 것이 자유입니다. 성숙한 어른이 되는 과정에서 우리는 어린 시절의 무책임한 자유와 작별하고, 새로운 책임을 받아들이며 성장해 나가는 과정이 필요해요. 프로이트가 강조한 것처럼 성숙한 자아는 모호함과 갈등을 견디고, 자유와 책임 사이에서 균형을 찾는 능력을 길러야 합니다.

동양 문화에서도 책임감과 성숙함을 중요시합니다. 공자는 "군자는 대의를 위해 소소한 이익을 포기할 줄 안다"라고 말했는데요. 이는 자유와 책임 사이에서 균형을 찾는 데에도 도움을 주는 메시지입니다. 자신의 인생에서 진정으로 중요한 것이 무엇인지를 명확히 하는 것은 군자의 삶이나 개인의 삶 모두에서 중요하지 않을까요? 서른에는 이런 책임감과 결단력을 바탕으로 자신의 삶을 새롭게 설계해 나가야 합니다.

30대는 자유와 책임의 갈림길에 서 있는 시기입니다. 이 시기에 우리는 모호함을 견디면서도 마침내 자신의 길을 찾아 나가는 결단력과 용기를 가져야 합니다. 갈림길은 '책임지는 자유'를 통해 통합의 길을 열어 줍니다. 이 길을 열어 나가는 과정을 통해 진정한 어른으로 성장할 수 있으며, 앞으로의 삶을 더욱 의미 있게 살아갈 수 있을 것입니다.

자유와 책임의 균형을 맞추는 방법

• 책임을 '기회'와 '도전'으로 전환하기

사람들은 보통 책임을 무겁게 느끼기 때문에 회피하려 합니다. 하지만 이럴 때 책임을 스스로 선택한 기회나 미션으로 전환하여 접근해 보세요. 매주 맡는 책임 중 하나를 새로운 도전 과제로 재구성합니다.

예를 들어 직장에서 맡은 프로젝트가 있다면 이를 새로운 기술을 배울 기회로 생각하거나 자신의 가치를 높이는 방법으로 바라보는 것이죠. 딱히 얻을 것이 없고 마냥 괴로운 과제라 하더라도 하다못해 인내심 테스트로 삼는 것이 낫습니다.

• 즉각적인 보상 구조 활용

즉각적인 보상을 선호하는 심리를 활용해 단기적인 만족을 연장해 가면서 행동을 유지할 수 있습니다. 크고, 장기적인 목표에 대한 책임 때문에 시작부터 무게감에 짓눌리지 말고, 매일 작고 구체적인 성취로 쪼개어 각각 즉각적인 보상을 설정하세요.

예를 들어 오늘의 목표를 달성했을 때 스스로에게 10분간의 자유 시간을 주거나 좋아하는 음료를 마시는 등의 작은 보상을 줄 수 있습니다.

• 마음 챙김을 통한 책임 수용법을 훈련하기

책임 회피의 가장 큰 이유 중 하나가 책임으로 인한 스트레스와 부담감인데요. 마음 챙김을 통해서 책임을 두려워하지 않고 수용하는 방법을 훈련할 수 있습니다. 매일 아침 5분이라도 괜찮습니다. 간단한 마음 챙김 호흡을 통해 책임에 대한 스트레스와 두려움을 피하지 말고, 인식하면서 직면하는 겁니다. 책임을 완수하는 과정에서 내가 무엇을 느끼는지 자문해 보면서 힘들면 힘들다고 말하며 자기감정에 집중하는 순간을 가지세요. 이 과정이 여러분의 책임을 무겁게 하는 것이 아니라 심리적 훈련을 통해 강해질 수 있도록 도와줍니다.

• 감정을 수용해서 자기 서사 만들기

우리는 어려운 과제를 '이야기 만들기'를 통해 풀어 나갈 수 있습니다. 모든 인간은 자신만의 이야기를 통해 자신의 행동을 정당화하고 동기화(motivation)합니다. 책임을 단순히 '해야 할 일'

로 취급하지 말고 자신의 서사 속 중요한 챕터로 만들어 볼 수 있습니다. 그리고 거기에 자신의 감정을 있는 그대로 받아 적는 연습을 해 보세요.

예를 들어 책임을 맡았을 때 불안이나 두려움 혹은 설렘과 기대 등 그날의 기분을 감정 일기로 기록하세요. 가능한 자세하게 묘사할 수 있다면 생생한 이야기가 될 수 있습니다. 감정을 구체화하는 작업을 통해 자기 감정을 관리하는 것도 수월해집니다. 그리고 다음 페이지도 상상하며 적어 나갈 수 있습니다.

'이 프로젝트는 나에게 어떤 기회와 배움을 줄까?'
'이 책임을 완수하면 어떤 새로운 자아를 발견할 수 있을까?'

이런 질문들을 통해 새로운 자신을 발견하는 그림을 그려보고 자신만의 성장 서사를 만들어 보세요. 이 시간이 차곡차곡 모여 책임을 성취의 기회로 전환하는 능력도 얻을 수 있고 동시에 동기와 추진력을 얻게 될 겁니다.

"서른은 자유와 책임의 두 날개로 날아야 하는 시기입니다. 새가 하나의 날개로만 날 수 없듯이 자유와 책임의 균형을 잘 잡아야 무사히 서른을 지날 수 있습니다."

12
지성의 목소리,
서른에 들어야 할 희망의 신호

"지성의 목소리는 부드럽지만, 전달될 때까지 결코 멈추지 않는다.
끝없이 거부당해도 결국 지성은 승리한다.
이것은 인류의 미래에 대해 낙관적일 수 있는 드문 근거 중 하나다."

프로이트는 '지성의 목소리'가 현실을 바꿀 수 있다고 확신했습니다. 지성의 목소리는 조용하지만 꾸준하고 끈기 있게 우리의 내면에서 들려오는 이성의 힘입니다. 우리가 외부 세계와 맞닥뜨리며 감정에 휘둘리기 쉬운 순간에도 지성의 목소리는 마치 물이 바위를 뚫듯 우리의 결정을 더 나은 방향으로 이끌어 줍니다.

프로이트에 의하면 인간은 이드의 본능적인 욕구와 초자아의 도덕적 기준 및 양심 사이에서 지성을 통해 균형 잡힌 결정을 내립니다. 이는 자아의 주요 기능 중 하나로, 감정이나 충동이 아니라 현실적이고 이상적인 사고에 기반한 결정을 내리도록 돕습니다.

여기서 조금 더 흥미로운 지점이 있습니다. 지성은 초자아의 또 다른 요소인 '자아 이상'과도 연결되어 있다는 것인데요. 자아 이상은 프로이트가 1914년 〈자아와 이드〉라는 논문에서 처음 도입한 개념입니다. 이는 우리가 도달하고자 하는 목표와 이상을 설정하는 데 중요한 역할을 합니다. 하지만 초자아의 엄격한 규제나 가혹함과 달리 자아 이상은 더 긍정적이고 바람직한 방향을 추구합니다. 즉 양심의 처벌적 요소나 금지와는 구분되어 자신을 발전시키고, 더 나은 존재로 성장하려는 욕구를 반영하죠. 그래서 종종 건강한 자아의 영역으로 편입되기도 하는 것입니다.

지성의 목소리는 현실 위주의 사고와는 또 다릅니다. 늘 사려 깊고 이성적이며 장기적인 관점과 이상을 제시하죠. 지성은 우리의 결정을 이끄는 '컨트롤 타워'와 같아요. 현실과 이상을 기반으로 균형을 잡아 주는 지성의 힘이야말로 우리의 일상을 이끌어 주는 중요한 내적 가이드입니다.

외부의 유혹에 흔들리지 말고
내면의 목소리를 따라가라

권위에 의지한 삶에서 자신을 찾아가는 여정

H 씨는 항상 타인의 기대에 맞춰 살아왔습니다. 더 정확하게는 부모님과 사회가 제시하는 기대에 초점을 두었죠. 그는 부모님과 사회가 나보다 더 나은 결정을 내릴 것이라고 믿었기에 그들의 가르침과 지시를 따랐습니다. 이 믿음은 자신이 스스로 아직 어리고 부족하다고 느꼈기 때문에 발생한 것이죠. 사람은 자신의 능력이 부족하다고 느낄 때 더 나은 존재로 여기는 대상을 따르고 의지하려는 경향이 있습니다. H 씨도 마찬가지로 부모님과 사회가 자신보다 더 잘 알고 있다고 생각했고, 자연스레 그들의 기대에 맞춰 살아온 것입니다.

그 결과, 그는 주어진 목표와 과제에 충실하게 살아가며 사회적으로도 어느 정도의 성취를 이뤘습니다. 그러나 서른이 되자 점점 의문이 커지고 막연한 불안을 느끼기 시작했습니다.

'이렇게 열심히 살아왔는데, 왜 이렇게 공허하게 느껴질까?'
'나는 도대체 누구지?'

H 씨는 혼자 있는 시간 동안 이런 질문들을 하며 자신을 스스

로 괴롭히기 시작했습니다. 하지만 답은커녕 혼란과 함께 깊은 공허감만 몰려왔죠. H 씨는 이때까지 타인의 기대를 만족시키기 위해 살아왔음을 깨달았습니다. 부모님과 사회가 정해 준 목표를 쫓느라 정작 자신의 목소리는 들어 본 적이 없었던 것입니다. 그의 내면에 자꾸만 커지는 공허함의 원인은 바로 '자기 자신'이 빠져 있었기 때문이었습니다. 이런 통찰은 그에게 큰 변화를 일으키기 시작했습니다.

"나는 그동안 부모님과 사회가 내 인생을 더 잘 알고 있다고 믿었어. 그런데 내가 진정으로 원하는 삶에 대해서는 제대로 생각해 본 적이 없었구나! 이제는 나만의 길을 가야 할 시간이야."

사춘기가 뒤늦게 찾아온 느낌도 있었지만, 유한한 시간에 대해 자각할 수 있었던 좋은 기회였습니다. 게다가 인생의 후반부에 때늦은 후회를 하고 싶지 않다는 결심이 더욱 확고해졌죠. 이것이 일시적인 고민이 아니라는 점, 아직 풀리지 않은 속 깊은 갈망이 존재한다는 점과 함께 자기 고유성에 대한 고민도 시작되었습니다.

"나는 시간이 유한하다는 걸 깨달았어요. 삶의 후반부에 가서 때늦은 후회를 하는 건 더 싫어요. 지금부터라도 내 꿈을 찾아 나가야겠어요."

그는 삶을 돌아보며 자신이 그동안 억눌러 왔던 호기심과 마주했습니다. 어릴 때부터 다양한 것에 관심이 많았지만, 그 호기심을 산만함으로 여기며 억눌러 왔던 것이죠. 심지어 ADHD(주의력 결핍 및 과다 행동 장애)로 오인할 정도로 자신의 관심을 부정적으로 봤던 그는 이제 그것이 단순한 산만함이 아닌 자신의 진정한 자아의 일부라는 사실을 깨닫습니다.

H 씨가 더는 타인의 기대에 맞추지 않고 자기 자신의 목소리를 따라가기로 하면서 제일 먼저 받아들인 것은 자신의 호기심이었습니다. 그는 그 호기심을 바탕으로 자신만의 꿈을 구체화하기 위한 여정을 시작합니다. '혹시 나도 ADHD는 아닌가?' 하는 스스로에 대한 의구심에서도 한결 자유로워졌습니다.

현실적 위협과 윤리적 신념 사이에서 균형을 잡다

P 씨는 어릴 때부터 인프라를 구축하는 큰 꿈을 품고 있었습니다. 대학에서 관련 학문을 전공하고 중견 토목 건설 회사에 입사한 그는 중요한 프로젝트를 맡으면서 자신의 꿈에 한 발짝 다가갔다고 느꼈습니다. 그런데 프로젝트 도중 예상치 못한 부

정 청탁과 마주하게 되었죠. P 씨는 윤리적 딜레마에 빠지고 말 았습니다.

'만약 거부하면 회사에서 불이익을 당할지도 몰라.'
'내 양심과 꿈을 저버릴 수는 없어.'

상사의 요구를 따르자니 양심이 허락하지 않았고, 그렇다고 청탁을 거부하면 직장 내 입지가 흔들릴 위기에 처한 상황이었 습니다. 이때 그는 윤리적 결단만으로 해결하려 하지 않고 더 유연한 해결책을 모색했습니다.

그는 상사에게 정면으로 반대하기보다 프로젝트의 장기적 성 공을 위해 합리적이고 공정한 절차의 필요성을 제시하며 설득 했습니다. 윤리와 현실 사이에서 균형을 맞추려 한 것이죠. P 씨 는 이 과정에서 또 다른 깨달음을 얻었습니다. 바로 부조리에 맞서기 위해서는 경제적 독립이 필수라는 것이었습니다.

P 씨는 재정적으로 독립하지 못하면 외부의 압력에 계속 흔들 릴 수밖에 없다는 사실을 깨닫고, 재정적 능력을 키우기로 결심 했습니다. 다양한 재테크 방법을 배우고 금융 전문가와 상담하 며 자신의 재정 구조를 체계적으로 발전시켜 나갔습니다. 이를 통해 그는 경제적으로 독립된 힘을 갖추면서 더 이상 부정한 요

구에 휘둘리지 않게 되었고, 오히려 더 강한 자기 힘을 구축할 수 있었습니다.

"경제적으로 독립된 힘을 가질 때 비로소 나는 나만의 윤리적 기준을 지킬 수 있다는 걸 깨달았어요."

P 씨는 단순히 윤리적 딜레마를 해결하는 데서 끝나지 않고, 자기 발전과 경제적 독립을 통해 더 큰 자아실현을 이뤘습니다. 그리고 그 과정에서 그는 자신의 능력을 더욱 확장하며 힘을 키워 갔습니다.

여러분이 마주한 현실의 벽은 무엇인가요? 지성의 목소리는 여러분에게 어떤 선택을 권유하고 있나요? 여러분 내면의 목소리를 다시 들어 보세요. 그 목소리가 여러분을 진정한 자아로 이끄는 첫걸음이 될 수 있습니다.

프로이트가 강조한 인간의 강력한 무기

지성의 목소리는 부드럽지만, 궁극적으로 현실을 바꿀 힘을 갖고 있습니다. 인간이 단순히 본능과 욕망에 끌려다니는 존재가 아니라 이성을 통해 욕망을 조절하고 문명 속에서 조화롭게 살아갈 수 있는 존재임을 증명하는 것이죠.

1914년, 프로이트가 60대에 접어들었을 때 제1차 세계 대전이 일어났고 제2차 세계 대전이 발발한 직후인 1939년 9월에 눈을 감았으니 그는 세계 전쟁의 한복판을 살다간 것입니다. 이 전쟁은 그가 이미 많은 심리학적 연구 성과를 이룬 후에 발생한 비극적인 사건이었죠. 전쟁의 참혹함, 냉혹하고 살기 등등한 시대 상황에서 그는 인간의 '죽음 본능'에 대해 깊이 성찰했습니다. 인간이 자신의 파괴적 충동을 얼마나 쉽게 제어하지 못하는지를 여실히 보여 줬죠.

그럼에도 프로이트는 여전히 이성의 힘을 신뢰했어요. 그는 이성이 인간의 폭력성과 본능을 제어하고, 마침내 더 나은 선택을 하게 해 줄 것이라고 확신했습니다. 조용히 변화의 물결을 지속해서 일으켜 갈 것을 믿은 프로이트야말로 인간에 대한 진정한 낙관주의자라는 생각이 듭니다.

지성의 승리를 믿고 따르는 것, 프로이트가 추구한 인간의 자유와 존엄성을 지키는 방법이었습니다. 인간의 이성은 개인 내적인 갈등과 현실에서 직면하는 여러 가지 사회적 갈등을 해결하는 가장 강력한 도구로 남아 있습니다. 프로이트의 이론은 우

리에게 인간의 본성 속에 숨겨진 최고의 가능성과 지성을 일깨
우며 그것을 통해 세상을 바꿀 수 있는 길을 제시해 줍니다.

지성, 감정과 이성의
부드러운 중재자

서른은 개인적 목표와 사회적 기대 사이에서 갈등을 겪는 시기
입니다. 오늘날은 세계 대전과는 다른 형태의 전쟁, 즉 경쟁과 생
존 때문에 끊임없이 스트레스를 받으며 살아가고 있고 이런 환경
에서 개인이나 집단의 폭력과 공격의 피해를 보기도 합니다. 경
제적 성공과 빠른 발전 앞에서 자신의 욕망과 불안을 조율해야
하는 도전에도 직면해 있죠.

게다가 디지털 시대의 또 다른 권력과 통제에 여러 가지 내적
상실과 미디어 피해를 겪기도 합니다. 끊임없이 쏟아지는 정보
의 홍수 속에서 우리는 자주 무의식적인 피로에 시달리죠. 눈에
보이는 대면 관계에서도 스트레스를 받지만, 디지털 세계에서 잘
보이지 않는 힘들 간의 쏠림과 영향력 속에서 무력감이나 불안을
느끼기 쉽습니다.

프로이트가 말한 무의식의 힘은 이 디지털 시대에도 여전히
적용됩니다. 우리의 일상에서 자신을 돌아보고, 이성의 힘을 일

깨워 무의식적으로 쌓인 스트레스와 독소를 해소하는 시간이 필요해요. 현실 세계와 디지털 세계에서 자신을 잃지 않기 위해서는 개인의 내면을 이해하고 불안과 욕망을 통제하는 데 중요한 길잡이 역할을 하는 지성의 목소리에 귀를 기울여야 합니다.

이 모든 문제를 이성만으로 해결할 수 있다고 믿기는 어렵겠지만, 프로이트가 강조한 지성의 목소리는 즉각적인 해결책이 아니라 지속해서 끝까지 밀고 가는 힘이라는 것을 기억하세요. 자기 이해와 성찰을 통해 천천히 여러 문제와 갈등을 풀어 나가는 과정에서 중요한 역할을 합니다.

이성은 감정을 억누르는 것이 아니다

우리에게는 감정을 받아들이고, 그 감정을 이성적으로 들여다볼 필요가 있습니다. 감정을 억누르는 것이 아니라 해석하고 이해하는 것에서부터 감정에 대한 헤아림이 시작됩니다. 또한 자신의 감정을 있는 그대로 수용하고 건강하게 표현하는 방법을 배우고 터득해야 해요. 갈등 상황에서 우리의 감정과 본능을 인식한 후 이성적으로 대응 방안을 찾는 것은 심리적 건강을 지키는 첫걸음입니다.

'내가 이 상황에서 느끼는 감정은 무엇일까?'

'이 감정을 이성적으로 어떻게 다룰 수 있을까?'

이런 생각을 통해 이성은 감정이 우리를 짓누르지 않도록 숨통을 틔우는 역할을 합니다. 예를 들어 갈등이나 스트레스를 해결할 때 감정적으로 대응하기보다 그 감정을 이성적으로 분석하는 것이 더 건강한 해결책을 제시할 수 있습니다.

이성은 단순히 논리적 판단을 내리는 도구가 아닙니다. 우리의 내면에서는 감정과 이성은 끊임없이 상호 작용하며 균형을 찾는데요. 그중에서도 지성은 욕망과 도덕적 딜레마를 성찰하도록 도와줍니다. 여러분이 직장에서 어려운 프로젝트에 직면했을 때, 상사와 갈등이 생기고 윤리적 문제를 마주하게 되었을 때 종종 이성과 감정 사이에서 갈등이 발생합니다. 이때 지성이 우리가 장기적 목표와 자아 이상에 부합하는 더 나은 결정을 내리도록 도와주는 것이죠.

지성은 주로 자아의 기능으로, 합리적 사고와 문제 해결, 미래를 계획하는 능력을 포함합니다. 지성의 목소리는 자아가 이드의 충동과 초자아의 도덕적 요구 사이에서 균형을 맞출 수 있도록 돕습니다. 우리가 현실적이고 이성적인 결정을 내릴 때 들리는 내면의 대화 소리인 것이죠. 그러니 여러분의 내면에서 들려오는 목소리는 무엇을 말하고 있는지 또 여러분이 내리는 결정이 이성과 일치하는지 질문해 보세요.

지성은 희망의 목소리입니다. 지성의 목소리는 서른에 반드시 들어야 할 소리이며, 끊임없이 주파수를 맞추며 경청해야 할 중요한 내면의 신호입니다. 지성의 목소리는 우리의 자아 이상을 건강하게 바꿔 줄 수 있습니다. 무엇보다 인간의 따뜻함과 희망을 유지하면서, 현실의 부조리와 불확실성에 맞서 더 나은 길을 찾도록 도와줍니다.

지성의 목소리를 듣는 방법
• 자아 이상의 차이

프로이트는 자아 이상을 초자아 일부로, 개인이 이상적으로 추구하는 자아의 모습이라고 정의했습니다. 이는 각자의 성향, 경험, 환경에 따라 다르게 형성됩니다.

예컨대 성향에 따라 창의적인 사람은 예술적 성취를, 타고난 리더는 사람을 이끄는 역할을 자아 이상으로 삼습니다. 선천적인 기질뿐만 아니라 가족, 사회, 교육 같은 후천적 요소들도 자아 이상 형성에 중요한 역할을 합니다. 또 사회적 기대나 가치, 우리가 존경했던 권위자들의 영향도 받습니다. 어려운 상황에서 상상하면서 위로와 힘이 되었던 이상적인 모습들과 무의식적 환상도 자아 이상에 함께 녹아 있기도 하죠.

• 어린 시절의 상처와 자아 이상

어린 시절의 상처나 어려운 경험도 자아 이상 형성에 큰 영향을 줄 수 있습니다.

예를 들어 끔찍한 가정불화를 겪은 두 형제가 있다고 가정해 봅시다. 한 명은 평화를 추구하며 모든 사람과 조화를 이루는 삶을 이상으로 삼고, 다른 한 명은 갈등을 해결하고 사람들을 이끄는 강력한 지도자가 되는 것을 꿈꾸며 자랐습니다. 이처럼 같은 경험을 했더라도 개인의 성향과 기질에 따라 각기 다른 자아 이상이 형성된다고 볼 수 있어요.

• 자아 이상을 구체화하는 방법

어린 시절부터 성인이 될 때까지 어떤 경험들이 자아 이상을 형성했는지 돌아보세요. 중요한 사건들이 내 가치관에 어떤 영향을 줬는지 생각하고, 롤 모델의 가치관이 자아 이상에 어떻게 반영되었는지도 탐구해 보세요.

예를 들어 어릴 적 동경했던 인물이 현재 내 삶에 어떤 영향을 미치고 있는지 고민해 보세요.

• 자아 이상의 변화

자아 이상은 인생을 살아가며 경험에 따라 변화하고 발전할 수 있습니다. 어린 시절 가졌던 이상적인 자아는 성인이 되면서 현실적인 목표와 도전을 통해 발전하거나 변화합니다. 이를 통해 우리는 자신의 가치관과 이상을 명확하게 하고, 건강한 자아 이상을 추구할 수 있습니다.

서른을 넘기면 타인의 기대가 아닌 내면의 목소리에 귀를 기울여야 합니다. 그리고 그 목소리와 일치하는 자아 이상을 구체화하는 법을 배워야 합니다. 이미 형성된 자아 이상도 재탐구해 자신의 것으로 만들어 가는 과정이 필요하죠. 이렇게 해야 현실적인 어려움 속에서도 좌절하지 않고, 진정으로 원하는 꿈을 찾아 자아실현의 길로 나아갈 수 있습니다. 불확실성과 스트레스 속에서도 이성을 통해 자신만의 방향을 찾는 것이 중요해요.

"감정의 뒤에는 언제나 이성이 기다리고 있습니다. 감정이 길을 만들고 이성이 나아갈 방향을 안내할 것입니다."

3장

관계, 일, 사랑
모두 잡을 수 있을까?

프로이트의 인생을 지탱하는 두 가지 힘

13

성숙한 어른의 홀로서기는
정신적 독립이 먼저다

> "나는 어린 시절에 아버지의 보호만큼
> 강하게 필요했던 것은 없다고 생각한다."

프로이트의 이 말은 아이가 느끼는 무기력함에 대한 인간의 원초적인 반응을 설명합니다. 또한 아이가 느끼는 무력감에 따른 아버지의 보호의 중요성을 강조합니다. 어린 시절 아버지의 보호는 물리적 안전을 제공하는 것 이상으로 아이의 자아 형성에 중요한 심리적 기초가 됩니다. 이 보호 없이 아이는 세상을 제대로 이해하거나 대처할 능력을 기르지 못한 채 어린 시절을 보내게 되죠.

하지만 성인이 되면 부모의 보호에만 의존할 수 없습니다. 자신을 스스로 보호하고 돌봐야 할 시점이 다가오며, 자아 독립의 중요성은 더욱 커집니다. 어린 시절에 보호받은 경험이 없다면 성인이 되어서 더욱 불안정한 상태를 경험할 수도 있습니다.

이처럼 어렸을 때 아버지와의 경험과 상호 작용은 아이가 앞으로 세상을 어떻게 대해야 할지에 대한 심리적 방어 기제의 기초를 형성해 줍니다.

부모의 보호자가 되기 전에
자신의 보호자가 될 것

서른이 되면 우리는 자연스럽게 부모님과의 관계를 다시 생각하게 됩니다. 부모님의 보호 아래 자랐던 어린 시절에서 벗어나 이제는 자신을 스스로 돌봐야 하는 책임을 마주하죠. 하지만 부모로부터의 독립은 단지 물리적인 거리가 아니라 정신적 자아 독립이 포함된 복잡한 과정입니다.

프로이트는 이 과정에서 자기 보호의 중요성을 강조하며 어린 시절에 가장 절실한 것은 아버지의 보호라고 말합니다. 이 말은 우리의 유아기, 유년 시절이 인간으로서 가장 '무력한 시기'라는 것을 새삼 떠올리게 합니다. 우리는 말 그대로 보호자 없이 할 수 있는 게 아무것도 없거나 별로 없던 시절을 지나왔습니다.

그동안 부모로부터 받았던 보호가 우리가 자라고 살아가는 데 중요한 기반이 되었죠. 그러다 이제는 그 보호 안에 머무는 데서 벗어나 스스로 자신을 보호하는 방법을 배워야 할 시기가 된 것입니다. '자기 보호는 꼭 필요하다'는 것에 충분히 수긍한다면 이제 무엇부터 시작해야 할까요?

부모님과 적정한 거리 두기란

부모와의 관계는 항상 복잡한 감정을 동반합니다. 우리는 부모님이 점차 나이 들어 가는 것을 목격하며, 그들로부터 어떻게 독립해야 할지 고민하게 됩니다. 특히 부모님이 더는 우리의 보호자가 아니라는 사실을 실감할 때 자아 독립의 필요성을 깨닫습니다. 우리가 서른이 되는 동안 부모님 역시 그만큼의 세월을 보내고 늙어 간다는 당연한 사실이 충격처럼 다가오기도 합니다. 어떤 이는 부모님의 나이 듦을 목격하며 이렇게 말합니다.

"어릴 때는 아버지가 늘 저를 지켜 줄 거라고 생각했어요. 그분이 제 인생의 든든한 보호막이었죠. 그런데 이제 아버지가 아프시고, 그 보호막이 더 이상 저를 지켜 줄 수 없다는 현실을 마주하게 됐어요. 갑자기 저 자신을 지켜야 할 필요성을 느끼게 된 거예요."

그는 부모님이 절대적 보호자가 아니라는 사실을 깨달았고, 이제는 자신이 스스로 보호하고 돌봐야 하는 시기가 도래했음을 느꼈습니다. 동시에 결혼에 대한 고민도 하게 되었죠.

"결혼하면 독립할 수 있을까요? 어머니는 제가 결혼하면 완전히 독립할 거라고 생각하시는데, 그게 아니라는 것을 점점 알게 돼요. 결혼이 부모님으로부터의 완전한 분리를 의미하는 건 아니더라고요. 결혼은 그냥 또 다른 인생의 시작일 뿐 저에게 부모님과의 관계는 여전히 영향을 미치고 있었어요."

그는 결혼이 부모로부터의 완전한 독립이 아니라 부모님의 기대와 자신의 독립적인 삶 사이에서 균형을 찾는 과정임을 깨달았습니다. 물론 결혼은 새로운 시작이긴 하지만, 부모님과의 정서적 연결은 여전하다는 사실을 실감했고 또 받아들였습니다.

그에게 실질적으로 중요한 과제는 부모님과의 관계에서 정서적 경계를 설정하는 것이었습니다.

"부모님을 가까이에서 돌봐드려야 할까요? 아니면 물리적으로 거리를 두면서 어느 정도 신경을 쓰는 게 맞을까요? 너무 멀리 떨어져 있으면 부모님이 외로워하시지 않을까 걱정되긴 하지만, 저도 제 인생을 살아야 하잖아요."

그는 부모님 역시 일종의 분리 불안을 느낀다는 것을 체감할 때마다 마치 자신이 해결사처럼 행동해야 할 것 같은 막연한 부담을 느꼈습니다. 어릴 적에는 부모님이 그를 보호했으니 이제는 자신이 부모님의 보호자 역할을 해야 하는 것이 인생의 순리처럼 느껴진 적도 있었습니다.

그러나 그는 부모님이 각자가 서로를 배우자로서 보호해야 하는 일차적인 책임자라는 사실을 명확히 인식하게 되었습니다. 이후 부모님이 먼저 구체적으로 요청하기 전까지 앞장서서 그들의 문제를 해결하려는 태도에 변화를 주고자 했습니다. 너무 많은 것을 고려하며 미래를 지레 앞당겨 고민하는 것에도 제동을 걸었습니다.

이 과정을 통해 그는 부모님이 이제 자신의 절대적인 보호자가 아니라는 사실을 받아들이고, 스스로 삶을 책임지는 방법을 배워 가고 있습니다. 부모님을 돌볼 때도 정서적 경계를 설정하고, 부모님과 성숙한 관계를 유지하는 법을 배우고 있습니다. 이런 경계 설정은 부모님과의 관계를 재정립하는 데 필수적인 요소입니다. 그는 이제 독립된 삶을 향해 나아가고 있습니다.

신체 독립을 넘어
자아 독립이 필요하다

어린 시절, 아이가 외부 세계의 불확실성과 무력감에 직면할 때 아버지는 이를 극복할 수 있는 물리적 보호와 함께 심리적 보호막 역할을 합니다. 이 과정에서 아이는 불안과 두려움을 다루고 처리하는 법을 배우며 아버지와의 상호 작용을 통해 세상과의 관계를 형성하게 되죠. 이런 아버지의 보호는 사람의 내면에서 중요한 심리적 기제로 작용합니다.

프로이트는 아버지의 보호가 아이의 심리적 안정을 위해 필수임을 강조하는데요. 아이가 세상과 처음 마주할 때 느끼는 불안과 두려움을 극복할 수 있는 안전망 역할을 하기 때문입니다. 이를 통해 아이는 세상과의 관계를 형성하고, 자신의 자아를 구축해 나갈 수 있죠.

그러나 성인이 되면 부모가 제공하던 보호를 자신이 제공할 수 있어야 하며, 스스로 무력감을 극복하는 방법을 배워야 합니다. 이때 중요한 것이 자신의 한계를 인정하고 그 한계를 이해하는 것입니다. 우리는 모든 일을 해결할 수 없다는 한계를 받아들이는 것이야말로 성숙한 자아를 형성하는 중요한 단계라는 점을 깨달아야 합니다.

종교, 아버지 이후의 새로운 보호막

프로이트는 어린 시절에 보호받은 경험이 종교적 신념으로 확장된다고 말했습니다. 그는 종교의 뿌리를 인간의 무의식적 심리 구조에서 찾았는데요. 즉 종교적 신념이 어린 시절 아버지의 보호에 대한 심리적 경험에서 비롯되었다는 것이죠. 그는 인간이 성인이 되어서도 종교를 통해 의식적 혹은 무의식적으로 아버지의 보호와 같은 심리적 안정을 연장한다고 봤습니다. 신적 존재나 종교적 상징에 보호와 안전에 대한 갈구가 반영되어 있다고 할 수 있어요.

이런 심리 구조는 인간이 신적 존재를 통해 자신의 무력감을 극복하고 안정과 위로를 찾으려는 방식으로 나타납니다. 아버지의 보호는 종종 종교적 권위나 신의 보호로 전환되며, 인간은 종교적 믿음을 통해 정신적 평화를 얻으려는 근원적 욕구를 충족합니다. 따라서 프로이트는 종교를 아버지의 보호가 상징적으로 확장된 것에 불과하다고 해석했습니다. 아버지의 보호가 신적 존재로 대체되며 정신적 평화를 제공한다는 것이죠.

어린 시절, 아이는 부모로부터 물리적 보호와 함께 심리적 안정감을 얻습니다. 특히 아버지는 아이가 세상과 마주할 때 느끼는 불안과 위협에 대응하는 보호막 역할을 하며, 아이의 정신적 성장을 도와줍니다. 하지만 성인이 된 후 독립을 하고서도 인간은 여전히 무력감을 느끼게 되는데요. 이때 신적 존재에 의존해 그 불안을 해소하려는 경향을 보입니다. 이 과정에서 종교는 어린 시절 아버지가 주던 보호의 심리적 역할을 대신하며, 개인에게 정신적 평화와 안정감을 제공합니다.

즉 종교는 인간이 성인이 되어서도 어린 시절 갈망했던 보호의 감정을 반복하는 메커니즘이라고 할 수 있습니다. 인간은 이를 통해 내면의 고통과 불안을 극복하려고 하죠. 아버지에 대한 경험과 태도가 성인이 되어서 종교에 대한 태도에 그대로 반영되는 것입니다.

예를 들어 어릴 때 무책임하고 무능력한 아버지를 경험하고 이에 대해 큰 실망을 안고 있는 사람의 경우, 신적 존재가 세상의 악과 고통을 없애지 못하고 있는 현실에 대해 불신과 불만을 토로할 수 있습니다. 하지만 종교를 부정하고 비판하기보다 종교가 사람의 여러 가지 심리적 필요를 충족시켜 주고, 인간에게 지속해서 중요한 역할을 한다는 것이 프로이트의 관점입니다.

또한 프로이트는 그의 친구가 경험적으로 고백한 '대양적 감정'에 관심을 갖고 이 감정이 의미하는 바를 탐색했습니다. 대양적 감정은 인간이 느끼는 무한한 하나 됨의 감정을 설명합니다. 이는 어린 시절 경험했던 완전한 보호의 상태로 돌아가려는 원초적 욕구에서 비롯됩니다. 대양적 감정은 종교적 신앙이나 명상, 요가를 하는 상태에서 나타나며 자아와 외부 세계 사이의 경계를 흐릿하게 만듭니다. 거의 모든 종교에서 추구하는 심적 상태와 유사한 점이 있으며 우리에게 익숙한 '무아지경에 빠지다'라는 말과도 흡사합니다.

프로이트는 사람들의 내면에는 평소에 잘 인식하지는 못해도 나르시시즘의 회복을 갈망하는 감정이 숨겨져 있다고도 봅니다. 사람들이 세상과 분리된 자신을 느끼면서도 동시에 세상과 하나가 되기를 무의식적으로 갈망하고 있다는 것이죠.

인간은 현실을 살아갈 때 자아와 외부 세계의 경계를 뚜렷하게 하고자 하지만 또 다른 한편에서 경계의 모호함을 필요로 하는데요. 이를 통해 인간이 외부의 불확실성 속에서도 보호와 안정감을 찾고자 하는 심리적 기제가 살아가는 내내 작동한다고 볼 수 있습니다.

프로이트가 강조한 아버지의 보호는 어린 시절에는 꼭 필요했으나 성인이 된 이후에는 자기 보호의 힘을 통해 살아가야 합니다. 물론 매일같이 힘을 내어 가며 살기에는 버겁죠. 때때로 퇴행하며 쉬어 가고 싶은 마음도 인간이 가진 본질적인 부분일 겁니다. 성숙한 자아는 원초적인 아버지의 보호를 완전히 포기하거나 억지로 마음속에서 지워 내기보다 인간의 본질에서 차지하고 있는 중요성과 그 의미를 기억하면서 자신의 연약함이나 한계를 수용하려는 노력입니다. 자기 경계를 명확히 인식할 때 이는 '자아의 힘'으로 이어질 수 있습니다. 이야말로 진정한 정신적 독립과 성숙한 삶의 모습이라 할 수 있죠. 이를 통해 현실에서 맡은 역할도 스스로 더 잘 감당하게 될 것입니다.

독립은 이별이 아닌
거리 두기다

자기 보호는 현대 사회에서 매우 중요한 개념입니다. 성인으로서 우리는 자신을 지키는 방법을 배워야 합니다. 특히 정신적 독립이 매우 중요합니다. 무력감은 자연스러운 경험이지만, 자기 보호 능력이 갖춰져야만 그 무력감을 영구적으로 해결해 나갈 수 있습니다. 그렇다면 자기 보호 능력에는 어떤 것들이 있을까요?

• 정서적 자기 보호

어려운 상황에서 감정적으로 휘둘리지 않고, 자신을 안정시키고 건강하게 대처하는 방법을 익히는 것이 필요합니다. 감정에

휩쓸리기보다 차분하게 상황을 분석하고 대응하는 힘을 기르는 것이 중요합니다.

• 심리적 자기 보호

자신을 돌보는 시간을 가지며 심리적으로 지치지 않도록 스트레스 관리나 명상 등의 방법을 통해 마음을 보살피는 것이 필요합니다. 마음이 항상 강할 수만은 없으며 때때로 쉼과 충전이 필요하다는 것을 기억하세요. 가끔은 안전한 대상에게 의지하거나 의존하는 시간을 가지며 대양적 감정을 느껴 보는 것도 괜찮습니다.

• 자기 신뢰

어린 시절에는 외부에서 보호를 받았지만, 이제는 스스로 결정을 내리고 어려운 상황을 극복할 수 있다는 믿음을 길러야 합니다. 이는 성숙한 성인으로 사는 삶을 살아가는 데 중요한 요소입니다. 자신을 지키는 방법을 배움으로써 어린 시절의 무력감에서 벗어나 진정한 성숙을 이루고 도전하며 건강하게 살아갈 수 있습니다.

서른 즈음에 우리는 부모님의 보호가 더는 필요하지 않다는 것을 인식하고, 자아 독립을 이루는 중요한 시점에 놓입니다. 이 과정에서는 부모님과의 경계를 설정하고 성숙한 관계를 유지할 수 있어야 합니다. 부모와의 경계를 설정하는 가장 첫 단계는 정시적 거리를 유지하는 것입니다.

예를 들어 부모님과의 대화에서 자신의 결정을 먼저 명확히 표현하고, 부모님에게 의존하기보다 스스로 해결책을 찾으려고 노력하는 것이 중요하죠.

부모님의 노년과 우리의 독립이 맞물리는 이 시기에 우리가 부모님의 보호자 역할을 할 때가 되었음을 깨닫되 직접 그들의 부모가 되는 것은 다른 차원임을 정확히 인식하는 것이 중요합니다. 그런데 그 과정이 때로는 매끄럽지 않을 수도 있습니다.

예를 들어 부모님과의 의견 차이로 인해 감정이 격해질 땐 어떻게 하는 게 좋을까요? 잠시 대화를 멈추고 자신만의 공간에서 10분 정도 심호흡을 통해 감정을 진정시키는 연습을 해 보세요. 이 과정을 반복하면서 자신의 감정을 통제하고, 부모님의 감정에서 벗어나 독립적으로 사고할 수 있는 능력을 기를 수 있습니다. 심리적 공간 확보는 물리적, 시간적 공간 확보와 함께 시작됩니다.

만약 부모나 타인에게 의존하지 않고 자신이 스스로 결정할 수 있다는 믿음이 부족하다면 어떻게 해야 할까요? 부모님이나 중요한 타인과의 관계에서 작은 일이라도 자신의 결정을 명확하게 표현하며 '심리적 독립 선언'을 먼저 해야 합니다.

예를 들어 여행을 갈 때, 직장을 선택할 때 등 중요한 결정을 내릴 때 귀찮고 번거롭더라도 먼저 스스로 결정을 내려 본 다음에 이를 언어로 전달하는 과정을 거치도록 하세요. 독립된 결정과 결정의 전달을 반복하는 것은 자아 독립을 강화하는 데 좋은 방법입니다. 혼자만의 시간을 매일 꾸준히 가지는 것도 필수랍니다. 외부의 압력이 아닌 자신의 본능과 직감을 파악하는 연습은 자기 입장과 태도를 명확히 하는 데 도움이 됩니다.

"누군가를 돌보기 전에 진정한 독립, 정신적 홀로서기가 먼저 되어야 합니다."

14

관계의 갈등 속에서
나를 보호하는 방어 기술

"고통은 우리의 몸, 외부 세계
그리고 인간관계로부터 온다."

프로이트는 인간의 삶에서 피할 수 없는 고통의 세 가지 주요
원천을 설명했습니다. 이는 병이나 노화같이 몸에서 오는 고통,
자연재해나 정치적, 경제적 어려움같이 외부 세계의 위협 그리
고 인간관계에서 오는 갈등을 포함합니다.

프로이트는 인간관계에서는 근본적으로 갈등을 안고 갈 수밖
에 없다고 생각했습니다. 그리고 이 관계에서 발생하는 감정적
어려움이 정신적 방어 기제를 개발시키는 중요한 요인이라고
생각했죠.

갈등이 없는
관계는 없다

인간관계에서 갈등과 아픔은 피할 수 없습니다. 갈등 없는 관계는 이상적인 기대일 뿐이죠. 부모나 가족과의 관계가 표면적으로는 언쟁 한 번 없이 좋은 것처럼 보여도 그 사이에는 아프고 속상한 일들이 있기 마련입니다. 또 겉으로는 투덕거리면서 서로 부딪치는 듯해도 의외로 갈등과 아픔을 나누고 서로 조율하는 소통을 계속해 나가고 있다면 이 편이 훨씬 현실적이고 건강한 관계일 수 있습니다.

프로이트 역시 자신의 연구에서 수많은 동료와 갈등을 경험했으며, 이를 통해 자기 보호와 방어의 필요성을 실감했습니다. 그는 이 경험을 바탕으로 자신을 지키기 위해 방어 기제를 사용하는 것이 얼마나 중요한지 잘 알게 되었죠.

프로이트가 이야기한 방어 기제는 자신을 이해하고 보호하는 데 중요한 역할을 합니다. 인간이 자신의 약점을 방어하기 위해 다양한 심리적 방어 기제를 사용한다는 점을 잘 이해한다면 자신뿐 아니라 타인에 대한 이해의 폭을 확실하게 넓힐 수 있습니다.

많은 사람이 자기도 모르게 스스로의 가장 연약하고 취약한 부분을 가리려고 온갖 애를 씁니다. 예를 들어 나르시시즘이 강하면 강할수록 사실 내면에서는 자존감이 낮거나 아예 없을 수도 있다는 것이죠. 그래서 프로이트는 타인을 이해하고 싶을수록 먼저 자기 자신을 잘 아는 것이 중요하다고 기듭 강조했습니다. 왜냐하면 자신에 대한 정보기 왜곡되고, 자신에 대한 관점이 어그러져 있는 상태에서는 타인도 있는 그대로 보기가 어려워서 그렇습니다. 그 결과 타인의 말과 행동을 다 보거나 겪어 놓고도 막상 마지막 해석은 엉뚱하게 내릴 수 있습니다.

수많은 관계와 조율해야 하는 서른

서른이 되면 우리는 어린 시절부터 이어져 온 많은 관계에서 갈등과 혼란을 경험합니다. 어릴 때는 모든 것이 간단했습니다. 부모님이 우리의 선택을 대신해 주고, 친구들과는 그저 함께 놀기만 하면 됐죠. 그러나 서른 즈음이 되면 모든 것이 달라집니다. 관계 속에서 자연스럽게 이해받지 못한다는 느낌이 들고, 갈등이 생겨도 쉽게 해결되지 않는 복잡한 상황들이 반복됩니다.

연인과의 갈등도 그중 하나입니다. 연애 초기에 느꼈던 설렘은 사라지고, 현실적인 문제들이 서서히 드러납니다. 서로 다른 생활 방식과 가치관이 작은 일로 시작된 다툼을 심각한 오해로 발전시킵니다. 주말에는 쉬고 싶다는 연인의 말이 '이제는 나와 함께하는 시간이 중요하지 않구나'로 들려서 상처를 받을 수 있습니다. 이런 갈등이 계속되다 보면 결국 '이 관계를 계속 유지해야 할까?' 하는 질문까지 떠오르고 불안은 커질 수밖에 없죠.

부모와의 관계 역시 단순하지 않습니다. 독립적인 삶을 살고 싶어도 부모님의 기대와 간섭은 여전히 나를 얽어맵니다. 예전에는 부모님의 기대에 맞추는 것이 자연스러웠지만 이제는 그 기대가 무겁게만 느껴집니다. '왜 부모님은 내가 원하는 대로 살게 해 주지 않을까?' 하는 고민 속에서 가족과의 거리감이 생기기 시작합니다. 부모님은 결혼과 안정된 직장을 요구하지만 나는 나의 꿈을 좇고 싶습니다. 이처럼 부모와 자식 간의 갈등은 끊임없이 이어지며 이 간극을 메우기는 쉽지 않습니다.

친구와의 관계도 변합니다. 한때 단짝 친구와 알콩달콩 놀던 시절이 그리워질지도 모릅니다. 어릴 때는 친구들과 함께하는 것이 당연했지만, 어른이 되어 각자 다르게 살아가면서부터는 그렇게 쉽게 만나고 즐길 수 없습니다. 결혼하고 가정을 꾸리는 친구들과 여전히 일과 자기 계발에 집중하는 나는 다시는 같은 길을 걷지 않게 됩니다. 친구들과의 대화에서 공감할 수 있는 부분이 줄어들고, '우리 너무 달라졌어' 하는 생각이 들기 시작하죠. 예전처럼 친밀하게 지내기 어려워진 그 공허함 속에서 어린 시절의 그리운 관계들이 떠오를지도 모릅니다.

직장 내 갈등도 이제 피할 수 없는 현실입니다. 신입 사원 시절에는 몰랐던 책임과 압박감이 이제는 무겁게 다가옵니다. 더 이상 실수할 수 없다는 압박에서 상사나 동료와의 갈등이 자주 발생합니다. 열심히 일했는데도 인정을 받지 못하거나 동료와의 경쟁에 점점 지쳐 갑니다. '나는 이곳에서 계속 버텨야 할까?' 하는 생각이 머리를 떠나지 않지만, 현실적인 문제 때문에 쉽게 결정을 내리지 못하는 자신을 발견합니다.

현실의 세태는 이런 관계 갈등에 도움이 되기는커녕 기름을 붓는 역할을 할 때가 많습니다. 현대 사회는 점점 더 개인주의적인 경향이 강해지고, 소셜 미디어에서는 서로 진정한 감정을 나누기보다 겉으로만 연결된 관계가 대부분입니다. 많은 사람과 소통하고 있지만, 실상은 서로의 진심을 나누지 못해 점점 더 피상적인 관계에 질리고 말죠. 이런 흐름에서 많은 이가 진정한 소통과 감정 교류에 대한 회의감에 빠지며 더욱 목말라하는 상황에 이르렀습니다.

고통에서 벗어날 수 있는
탈출구를 마련하자

서른 즈음에 마주하는 관계들은 어린 시절과 달리 훨씬 복잡하고 상처받기 쉽습니다. 어린 시절에는 관계가 자연스럽게 이어지고 감정적으로도 크게 상처받을 일이 없었지만, 이제는 각자의 삶이 얽히고설키면서 갈등의 강도가 깊어집니다. 연인, 부모, 친구, 동료와의 관계에서 오는 갈등은 쉽게 해결되지 않고 오히려 관계에 더 많은 혼란을 가져다주죠.

이 시기에는 관계 앞에서 마냥 수동적인 태도를 유지할 수 없습니다. 서른에게는 보다 확실한 자기 보호와 방어 무기가 필요합니다. 자신의 감정과 생각을 명확히 인식하고, 관계 때문에 흔들리지 않도록 자신을 보호하는 능력을 길러야만 건강한 관계를 이어 갈 수 있습니다. 주체적인 태도와 감정 인식 그리고 소통의 분별력을 기르는 것이 필수입니다.

그러나 이보다 더 전하고 싶은 중요한 말이 있습니다. 더 이상 사람들 때문에 너무 놀라거나 성내거나 아파하지 않았으면 좋겠습니다. 그게 어떻게 가능하냐구요? 프로이트가 우리에게 그 답을 알려 줍니다. 그는 자신이 낙관주의자가 될 수는 없지만, 비관주의자와 다른 점을 이렇게 설명했어요.

"사람들이 사악하고, 멍청하고, 아무 생각 없이 하는 행동들이 내 마음을 어지럽히거나 좌절시키지 않습니다. 나는 그것들이 태곳적부터 세상을 구성하는 일부라고 받아들였습니다."

그는 인간의 본질과 한계를 정확히 꿰뚫어 봤고, 그 진실을 온전히 받아들임으로써 인간관계에서 오는 고통을 해결했던 것입니다.

관계에서 오는 고통을 피하는 프로이트식 방법

관계에서 오는 깊고 복잡한 고통을 어떻게 해결할 수 있을까요? 더구나 한 명이 아닌 연인과의 갈등, 가족과의 불화, 친구와의 소원함 등 여러 관계에서 동시에 상처가 생긴다면 정말 쉽지 않겠죠. 고통이 삶에 깊이 스며들어 감당하기 어려울 것입니다.

이때 프로이트가 인간이 고통을 견디기 위한 여러 가지 심리적 메커니즘을 설명해 줍니다. 그중 하나가 '전환'입니다. "자신의 정원을 가꾸라"라는 말이 있듯이 자신이 도달할 수 없는 이상과 환상을 좇는 대신 현실의 일상에 집중할 필요가 있습니다. 현실 속에서 자신만의 공간을 만들고 스스로 쉴 수 있는 정신적, 정서적 공간을 가꿔 나가는 것이 중요합니다.

프로이트는 삶의 고통이나 불합리로 가득 찬 관계에만 매몰되기보다 과학과 예술 활동을 통해 고통을 건설적인 형태의 에너지나 창의적인 표현으로 전환하는 방법을 제시합니다. 예술은 대체 만족을 줍니다. 현실에서의 문제와 고통을 완전히 해결해 주지는 않아도 예술의 환상과 아름다움은 우리에게 심리적 위안을 주고 창의성을 살아나게 합니다. 예술적 환상은 현실과 대비될 수 있지만 그럼에도 정신적으로 매우 효과적인 역할을 합니다. 예술을 통해 우리는 잠시 고통의 영향권에서 벗어나 새로운 방식으로 삶을 바라볼 수 있죠.

과학적 활동도 예술과 같은 전환의 일종입니다. 프로이트는 과학적 탐구나 논리적 사고를 통해 고통에서 벗어날 수 있다고 봤습니다. 과학은 고통을 다루는 직접적인 해결책이 될 수는 없지만, 과학적인 사고와 논리를 통해 고통의 원인을 이해하고 이를 이성적으로 통제할 수 있게 만들죠.

또한 프로이트는 중독성 물질들에 관해서도 이야기합니다. 사람을 취하게 만드는 물질들은 확실히 신체와 정신에 즉각적인 변화를 일으키고 잠시 고통을 잊게 하지만, 궁극적인 해결법은 아닙니다. 고통을 순간적으로 회피하는 방법일 뿐 장기적인 해결책이 될 수도 없고 너무 많은 위험 요소가 존재합니다.

종교는 이런 메커니즘에서 독특한 위치를 차지합니다. 프로이트는 종교가 고통을 감내하는 데 어떤 역할을 하는지 명확히 설명하기가 쉽지 않다고 말했습니다. 종교는 인간의 고통을 위로하고 해석하는 데 중요한 역할을 할 수 있지만, 그 효과는 사람마다 다릅니다. 또한 종교가 고통을 해소하는 방법이 보편적이지는 않다는 점에서 다소 복잡한 위치에 놓여 있기도 하죠.

종교와 연결해서 공동체와 사회를 돌보는 행위도 고통의 한가운데에 놓였을 때 좋은 탈출구가 될 수 있습니다. 자신만의 이익이나 쾌락을 추구하는 대신 자신의 주변 환경을 개신하고, 다른 사람들과 함께 더 나은 삶을 만드는 데 이바지하는 행위가 거꾸로 우리 자신에게 힘과 위로를 주기 때문이죠.

　결국 예술, 과학, 종교 그리고 일상적인 전환은 모두 서른이 관계에서 겪는 고통을 감내하고 회피할 수 있는 다양한 방법을 제시합니다. 여기에 '이렇게 하시오' 같은 정답은 없습니다. 고통을 직접적으로 해결할 수 없을지라도 인간이 취할 수 있는 여러 방법 중 자신에게 맞는 방식을 찾아 고통으로부터 잠시 벗어나는 것뿐입니다.

　서른이 된 우리가 관계에서 받는 상처와 고통을 완전히 없앨 수 없습니다. 그러나 고통을 견디고 그것을 대체할 수 있는 활동과 위안의 방식을 통해 삶의 무게를 덜어 낼 수 있습니다.

수많은 관계 속에서
나를 잃어버리지 않기를

　그렇다면 갈등과 고통에 휩쓸리지 않고 관계 속에서 자신을 지킬 수 있는 방법에는 어떤 것들이 있을까요?

• 디지털 셀프 체크 리스트 활용하기

하루의 감정과 생각을 빠르게 점검할 수 있는 '디지털 셀프 체크 리스트'를 사용해 보세요. 스마트폰 메모 앱이나 체크 리스트 앱을 활용해 간단한 질문에 답하는 방식으로 감정을 기록할 수 있습니다.

'오늘 가장 나를 기쁘게 만든 순간은?'
'불편했던 상황은 무엇인가?'

질문에 빠르게 답하면서 자신의 감정을 점검하고 주체적인 인식을 키워 보세요.

• "노(No)"라고 말하는 연습하기

서른 즈음에는 무리한 요구나 기대에 더는 끌려다니지 않고, "아니요", "싫어요"라고 말하는 힘을 길러야 합니다. 자신에게 부담이 되는 상황에서 자신을 스스로 지키는 법을 연습하세요. 먼저 '지금 이 상황에서 내가 거절할 수 있는가?'를 자신에게 묻고, 거절하는 연습을 통해 관계 속에서 더 주체적인 선택을 하세요.

처음에는 가장 안전하다고 생각하는 대상부터 연습하는 것이 좋습니다.

• 자기 인터뷰 영상 찍기

자신의 감정을 더 명확히 이해하려면 자기 인터뷰 영상을 찍어 보는 것도 좋은 방법입니다. 카메라 앞에서 스스로 다음과 같은 질문들을 던지고 답하면서 하루 동안의 감정을 정리해 보세요.

'오늘 가장 나를 힘들게 했던 일은?'
'내가 더 잘할 수 있었던 부분은 무엇인가?'

이를 통해 자신의 감정 흐름을 이해하고, 주체적인 태도를 강화할 수 있습니다. 자신이 등장하는 영상은 다소 낯설고 새롭게 느껴지기 마련인데 바로 이 '객관화' 현상 때문에 그렇습니다. 셀프 인터뷰는 이를 활용함으로써 자기 객관화에 도움을 줄 수 있습니다.

어린 시절 친구들과 '100가지 질문 챌린지' 같은 설문 조사를 하며 서로에 대해 알아 갔던 것처럼 서른이 된 지금, 자기 자신에게 질문을 던지며 자신을 스스로 탐구하는 시간을 가져 보세요. 셀프 100가지 질문 챌린지는 자기 탐색을 즐겁고 자연스럽게 할 수 있는 방법입니다. 하루에 하나씩 질문을 선택해 답해 보고, 자신에 대해 더 깊이 이해하는 기회를 만들어 보세요.

'오늘 가장 나를 기쁘게 만든 일은 무엇인가?'

'최근 나를 불편하게 했던 순간이 있었다면 원인은 무엇인가?'

'지금 내게 가장 중요한 목표는 무엇인가?'

'나를 더 솔직하게 표현할 수 있었던 순간은 언제인가?'

'누군가가 나를 오해했다, 그 이유는 무엇일까?'

'최근에 거절하지 못했던 부탁은 무엇이었는가?'

'최근에 내가 가장 감사하게 여긴 것은 무엇인가?'

'최근 일주일간 내가 자주 느낀 감정은 무엇인가?'

'지금 가장 의지하는 사람은 누구인가?'

이 질문들은 자신을 더 잘 이해하고, 감정과 생각을 명확하게 파악하는 데 도움을 줍니다. 이를 통해 자신의 주체적인 태도를 기르고 관계에서 더 자신감 있게 대처할 수 있게 될 것입니다.

• 메타 대화법 사용하기

관계에서 소통이 원활하지 않다고 느껴질 때 메타 대화법을 시도해 보세요. 대화를 중단하고 그 대화 자체에 관해 이야기하는 방법입니다. 다시 말해 대화 내용 안으로 말려들기 전에 대화를 전체적인 관점에서 살펴보는 겁니다.

예를 들어 "우리 지금 대화가 제대로 되고 있는 걸까?"라며 대화의 방향을 점검하는 방식으로 소통의 흐름이나 진행 방식을 다시 잡을 수 있습니다. 이는 불필요한 갈등을 줄이고, 관계를 건강하게 유지하는 데 도움이 됩니다.

"다양한 관계에서 나를 잃지 않는 것이 가장 중요합니다. 함께하는 것도 좋지만, 가끔은 나를 돌보는 시간을 가져 보세요."

15

내 인생에 사랑이
꼭 필요할까?

"사랑은 삶에 꼭 필요하다.
우리의 고통을 치유하는 유일한 치료제다."

프로이트는 사랑이 단순한 감정을 넘어 우리 삶을 지탱해 주는 가장 중요한 요소라고 봤습니다. 그는 1906년, 칼 융에게 보낸 편지에서 정신 분석의 핵심을 "사랑을 통한 치유"라고 적었습니다. 그는 이론뿐만 아니라 삶의 방식에서도 사랑이 가진 치유의 힘을 강조합니다. 프로이트는 사랑을 통해 인간이 더 행복해질 수 있고, 삶의 어려움을 이겨 낼 원동력을 얻을 수 있다고 본 것입니다.

사람들은 서른 즈음에 사랑에 대해 깊이 고민하기 시작합니다.

과연 사랑이 삶에서 필수인지 그리고 내가 과연 사랑할 능력이 있는지에 관한 질문들이 수면 위로 떠오릅니다. 그만큼 사랑은 인생에서 중요한 문제이며, 동시에 많은 이가 서른 즈음에 다시 한번 마주하는 큰 고민입니다.

사랑은 무의식에 남아 있는 어린 시절의 소망을 반영한다

많은 사람이 대학 시절 몇 번의 연애 실패를 겪으며 사랑은 어렵다고 치부한 후로는 오로지 일에만 집중하는 모습을 보입니다. 하지만 시간이 지나면서 자신의 삶에 무언가 부족하다는 느낌을 받게 되죠.

확실히 서른 즈음이 되면 접어 두었던 사랑에 대해 다시 생각해 보게 됩니다. 특히 가까운 친구들이 연인과 함께하는 모습을 보거나 하나둘 결혼하는 친구들에게서 나오는 밝은 에너지와 안정감을 목격하면 사랑이 단순한 감정 이상의 역할을 할 수 있다는 생각이 듭니다.

서른이 되면 사랑이 그저 감정적인 문제가 아니라 삶을 함께 살아가는 실질적인 파트너십이라는 것을 깨닫습니다. 하지만 동시에 질문도 던지게 되죠.

'내가 사랑할 수 있을까?'
'내가 사랑할 준비가 되어 있을까?'
'내 인생에 사랑이 꼭 필요할까?'

사랑은 이제 설렘만으로 이뤄지는 것이 아니라 서로의 현실적인 요구를 이해하고 배려하는 능력이 필요하다는 것을 알기 때문입니다.

우리는 사랑이 필요하지만, 그만큼 사랑을 유지할 능력도 필요합니다. 30대의 관계는 가볍고 단순한 데이트와 로맨스가 아닌 서로의 삶을 공유하고 지지해 줄 수 있는 깊은 유대감을 요구하기 때문이죠. 그런 점에서 우리는 자신에게 사랑받을 자격이 있는지, 사랑할 준비가 되어 있는지를 다시금 고민해 봐야 합니다. 이 시기의 사랑 고민은 낭만적이고 판타지적인 요소가 많았던 20대의 사랑과는 다르게 전개됩니다.

프로이트에 따르면 사랑의 과정에서 우리는 종종 오이디푸스 콤플렉스 같은 심리적 딜레마를 마주합니다. 어린 시절 부모에게 느꼈던 소망과 갈등이 성인이 되어서도 다시 나타날 수 있다는 것이죠.

우리는 사랑의 대상을 통해 어린 시절 부모에게 느꼈던 보호받고 싶은 마음을 충족하려고 합니다. 사실은 부모로부터 충족되지 못했거나 미해결된 소망과 충동이 반영된 경우가 더 많죠. 그래서 사랑을 하면 우리의 어린 시절 감정들을 다시 떠올리게 되고, 그 과정에서 관계가 더 복잡해지기도 하는 것입니다.

특히 서른 즈음의 사랑은 그저 순수하고 낭만적인 사랑을 넘어서 더 깊고 복합적인 감정이 얽혀 있는 경우가 많습니다. 이는 현실 욕구에 대한 기대치가 훨씬 더 많이 개입될 수 있기 때문이기도 합니다. 하지만 이런 무의식적인 소망들은 때로는 사랑에서 더 큰 갈등을 일으키기도 하죠. 우리는 이 소망과 기대를 현실적인 관계에서 어떻게 조율할 것인지에 대해 더 많이 고민해야 합니다.

아무리 어렵고 복잡하다 해도 사랑은 삶에서 비타민 같은 존재입니다. 우리를 힘들게도 하지만, 그만큼 삶에 활력을 불어넣고 앞으로 나아갈 힘을 줍니다. 그래서 서른이 되면 사랑이 단순한 감정이 아니라 우리가 더 행복하게 살아가기 위한 필수 요소라는 것을 깨닫습니다.

사랑은 우리가 겪는 감정적 고통을 치유하고, 힘들 때 우리를 다시 일으켜 세우는 힘을 가지고 있습니다. 그동안 현실에서 가까운 사람들 혹은 가족과 이견이 생기고 갈등을 겪다 보면 이 세상에 진짜 내 편은 없는지 한번쯤 둘러보게 됩니다. 나도 내 짝, 내 편을 만들고 싶다는 마음이 강해지는 때가 20대가 아닌 주로 이 시기입니다. 30대에게 사랑은 그저 설렘과 행복이 아니라 우리에게 실질적인 위로와 지지를 주고 삶의 균형을 잡아 줄 중요한 요소인 것이죠.

그러나 사랑이 필수적이라고 해서 비즈니스 관계로 착각하거나 비즈니스적으로 접근하는 방식으로는 사랑 문제를 제대로 해결할 수 없습니다. 그러면 구체적으로 어떻게 해야 한다는 말일까요? 이에 대해 프로이트는 몸소 중요한 진실과 현실적인 커플의 한 모습을 제시해 줍니다.

사랑은 설렘으로 시작하고 책임과 존중으로 이어진다

"더 행복해지고 더 열심히 살아가기 위해서라도 '내 편'은 꼭 필요하다."

프로이트의 사랑은 그의 학문적 성취만큼이나 흥미롭습니다.

그는 아내인 마르타를 처음 만난 그해에 약혼을 했지만, 결혼에 이르기까지 꽤 긴 시간의 연애를 했습니다. 이 기간 동안 프로이트는 결혼 준비를 했던 것으로 보입니다. 이들은 장거리 연애를 하는 커플이었는데 4년 동안 거의 매일같이 편지를 주고받았습니다. 그는 연인 마르타에게 보낸 편지에서 사랑이 자신의 삶에 얼마나 큰 힘이 되는지 강조했습니다.

"네가 내 곁에 있을 때 나는 더 행복해지고, 더 열심히 일할 수 있을 거야. 그리고 내가 그렇게 열심히 일하고 돈을 많이 벌면 더는 부끄러워하지 않게 될 거야."

이 문장은 프로이트가 사랑을 통해 자신의 삶에 활력을 얻고, 자신감을 찾았다는 것을 보여 줍니다. 물론 때로는 편지에 강력한 소유욕과 질투도 담겨 있었습니다. 마치 자신에게 더없이 중요하고 꼭 필요한 존재인 엄마에게 매달리는 어린아이의 모습이 언뜻 보이는 듯합니다. 하지만 중요한 것은 마르타가 이런 그를 부담스러워하거나 밀어내지 않았다는 거예요. 만약 마르타가 프로이트를 조금이라도 스토커처럼 여겼다면 긴 시간 장거리 연애는 불가능했겠죠. 마르타는 젊은 청년 프로이트의 애절한 구애를 받아 줄 뿐만 아니라 멋진 말들로 그를 감동하게 하고 힘을 불어넣어 주며 위로해 줬습니다.

물론 자신도 가족이나 자기 가문의 성향과 맞지 않아 생기는 고민을 프로이트에게 털어놓았죠. 내성적이고 차분한 마르타와 달리 베르나이스 집안은 대체로 외향적이고 감정 표현도 과한 측면이 있었던 모양입니다. 프로이트는 오히려 마르타의 가족 분위기가 자신이 용기를 내어 구애하는 데 도움을 주었다고 이야기하며 위로해 줬습니다. 정말 꼭 맞는 한 쌍이라고 할 수 있죠. 실제로 마르타와 프로이트는 결혼 후 여섯 명의 자녀를 낳고 53년간 함께했습니다.

마르타는 프로이트와의 삶을 회고하며 "그의 삶은 모두 일과 연구에 바쳐졌지만, 그와의 시간은 전혀 평범하지 않았다"라고 말했습니다. 마르타는 긴 시간 프로이트의 병간호를 하며 헌신적으로 그를 돌봤으며, 프로이트 사후에 그를 떠올리면서 "우리 53년의 결혼 생활 동안 한 번도 화를 낸 적이 없다"라고 회고했습니다.

53년간 존중과 책임을 보여 준 프로이트의 사랑

두 사람 사이에 왜 불만과 서운함이 없었겠습니까? 프로이트는 학문적으로 더 지적이고, 정서적으로 더 깊은 교류에 대해 아쉬움이 있었던 것으로 짐작됩니다. 마르타도 당시 전통적인 현

모양처상을 지키며 바쁜 남편을 내조하고 육아와 가사를 감당하느라 당연히 힘들었을 테죠. 그런데도 서로 소통할 창구가 있었고, 두 사람 모두 각자 독립적으로 자신의 할 일을 알아서 해나가는 책임감을 가지며 서로를 존중했었던 것입니다.

이들의 관계에서 사랑은 단순히 감정적 교류에 그치지 않고, 서로의 삶에 실질적인 힘을 주는 깊은 유대 관계를 의미했습니다. 결혼 초기의 금전적인 어려움과 장거리 연애로 인해 연애 초기의 열렬함과 기대가 이내 실망으로 변하기도 했습니다. 하지만 두 사람은 대화와 편지로 서로의 감정과 일상을 공유하며 가정을 지켜 나갔습니다. 마르타는 장시간 구강암으로 투병하는 프로이트를 끝까지 돌봤고, 프로이트는 그런 마르타에게 늘 감사한 마음을 잊지 않았죠. 두 사람의 결혼 생활은 가정과 가족을 중시하는 책임감과 서로에 대한 깊은 존중과 유대를 바탕으로 세워졌던 것입니다.

프로이트는 마르타에게 "나의 작은 왕비", "사랑하는 마티"라고 부르며 자신의 깊은 애정을 표현했습니다. 사랑꾼의 모습이 보이죠? 그는 연구와 여행으로 떨어져 있을 때도 하루도 빠짐없이 마르타에게 편지를 보내 자신의 학문적 진전뿐 아니라 감정과 일상에 대해 이야기를 나눴습니다. 그 안에는 프로이트라는 인간적이고도 진솔한 젊은 청년의 생생한 감정들이 자세하게 담겨 있었죠.

프로이트에게 편지는 단순한 사랑의 표현을 넘어서 자신의 불안과 고민을 마르타와 솔직하게 공유하는 공간이기도 했습니다. 그는 당시 의학계에서의 어려움, 환자를 대하는 복잡한 감정 그리고 자신이 하고 있는 연구의 중요성과 한계를 이야기했습니다. 편지에는 그의 불안과 학문적 고민이 솔직하게 담겨 있는데, 항상 끝에는 "당신과 함께라면 모든 것이 더 완벽해질 것"이라며 기대를 드러냈습니다.

프로이트의 편지들을 보면 감정적으로 마르타에게 매우 의존하고 의지했음을 잘 알 수 있어요. 그리고 마르타는 이런 심리적 호소와 응석을 잘 받아 주는 여인이었습니다. 기본적으로 프로이트의 능력과 그의 성취를 존중하고 존경했지만, 그의 일이 잘 풀리지 않는 순간에도 항시 프로이트 편에서 생각하고 말했던 것 같습니다. 이러니 프로이트가 반하지 않았다면 더 이상한 일이겠죠?

4년간 주고받은 1,500통의 편지

또한 프로이트는 마르타에게 보낸 편지에서 문학과 음악을 자주 인용하며 자신의 감정을 표현했습니다. 서정적인 감성이 절절하게 묘사되어 있죠. 그중에서도 독일 시인 울란트의 "모든 것은 변하리, 그래야 살아가리라"라는 구절을 인용한 것이 유명합니다. 봄이 가져오는 변화와 새로운 시작에 대한 희망을 노래하는 구절인데, 프로이트는 이를 마르타와의 사랑과 연결 지어 낙관적이고 희망찬 미래를 표현했습니다.

이에 마르타는 "당신 말이 맞아요. 모든 것은 변해야 하고 그래야 살아갈 수 있습니다!"라고 답장했습니다. 아마도 그 전 편지들에서 프로이트가 여러 가지 복잡한 변화들에 대한 어려움을 호소했을 것입니다. 그러다 이 답장을 통해 프로이트는 큰 힘을 얻게 되었겠죠.

역시 사랑하는 사람의 공감과 시의적절한 멘트만큼 세상에서 강력한 응원은 없나 봅니다. 이 단순한 구절이 프로이트에게 많은 영감과 통찰을 줬습니다. 이것이 변화의 불가피성에 대한 인문학적 성찰과 학문적 이론으로 발전하게 됩니다.

1882년부터 1886년까지 프로이트가 마르타에게 보낸 편지는 약 1,500통에 달합니다. 이 편지들은 그들의 오랜 약혼 기간의 애정과 갈등을 기록한 중요한 문서입니다. 이 편지는 그가 사랑을 표현하는 중요한 수단이었고, 그에게 정서적인 안정과 위안을 주는 역할을 했죠.

프로이트는 사랑의 감정을 편지로 담아 전달하며, 그 안에서 자기 생각과 감정을 정리하고 표현했습니다. 때로는 편지가 즉각 전달되지 않더라도 글을 쓰는 과정 자체가 자신을 위로하고 감정의 흐름을 다잡는 중요한 역할을 했습니다. 더 나아가 그의 이론에도 큰 영향을 미쳤다고 할 수 있죠.

프로이트의 사랑법과 결혼 생활은 파격적으로 시대를 앞서 나간다거나 항시 정열로 가득 찬 새로운 종류의 사랑은 아닙니다. 오히려 당시 가부장적인 가족 제도에서 크게 벗어나지 않았고, 마르타도 일하는 여성이 아니라 엄격한 유대 교육 전통을 따르며 남편을 내조하는 아내와 전형적인 어머니상에 가까웠습니다. 물론 그렇다고 프로이트가 남성 우월주의였던 것은 아니며 자녀 양육에도 엄격함보다는 존중과 관심을 많이 쏟았습니다. 두 사람이 각자 독립적으로 당시 자신들이 생각하는 자신의 할 일을 알아서 잘 해 나갔고, 책임감을 느끼고 서로를 존중했기에 가능했던 것입니다.

사랑 자체의 힘을
인정하고 믿을 것

사랑의 모습, 커플과 부부 관계의 모양새는 사람마다 다르고,

시기마다 다릅니다. 중요한 것은 자신이 원하는 사랑의 모습을 잘 알고 찾을 수 있어야 한다는 것입니다. 스스로 바람직하게 여기는 이상향은 삶에서 중요한 기능을 합니다. 자신과 맞는 짝은 자신의 성격이니 성향, 추구하는 가치와 바라는 바를 더 명확히 알 때 제대로 찾을 수 있습니다.

그리고 무엇보다 사랑 자체의 힘을 인정하고 믿는 것이 필요합니다. 분명 우리가 사랑하는 사람의 존재는 우리가 더 열심히 살아갈 이유가 되며, 더 행복하게 살아갈 힘을 줄 것입니다. "인생의 봄은 사랑과 함께 오며, 사랑은 모든 것을 가능케 한다"라는 말처럼 사랑은 우리의 삶에 새로운 계절을 열어 줍니다.

프로이트가 마르타에게 보낸 러브레터에서 모든 것은 변하고, 그래야 살아갈 수 있다고 말한 것처럼 시간이 흐름에 따라 사랑은 변하고, 우리는 그 변화를 받아들여야 합니다. 사랑은 항상 똑같은 형태로 머무르지 않으며, 우리는 변화하는 사랑 속에서 성장하고, 그로부터 삶의 에너지를 얻습니다. 사랑의 변화를 받아들이고, 서로가 변할 수 있음을 인정하는 것이 진정한 사랑입니다. 이런 사랑의 유연함은 서른 즈음의 관계에서 특히 중요합니다. 서로의 변화에 적응하고, 더 깊은 유대감을 형성하는 것이야말로 관계를 지속해서 유지하는 열쇠입니다.

사랑은 삶의 활력소입니다. 사랑은 자신을 더 잘 이해하게 만들고, 우리에게 더 나은 삶을 살아갈 힘을 줍니다. 서른 즈음에는 이 사랑을 통해 더 깊이 성찰하고, 우리의 삶을 다시 한번 정비해 나갈 기회를 가질 수 있다는 것을 꼭 명심하길 바랍니다.

"사랑에는 설렘의 단계를 지나 성숙의 단계가 필요합니다. 서로 의지하고 존중하는 과정을 통해 성숙한 사랑으로 나아가 보세요."

16

다양한 이름의
내 편이 되어 주는 존재들

"사람은 사랑받는 확신이 들 때
용감해진다."

이 격언은 1882년 프로이트가 약혼자 마르타에게 보낸 편지
에서 처음 언급한 말입니다. 당시 그는 마르타와의 깊은 애정과
사랑의 확신을 통해 더욱 대담해지고 자신감을 얻었습니다.

이런 사랑의 힘은 연인 관계에만 국한되는 것이 아닙니다. 가
족, 특히 부모로부터 얻는 사랑은 대인 관계 형성과 자아 성장에
중요한 역할을 합니다. 친구에게서 얻는 우정의 감정 역시 더 큰
도전과 변화를 두려움 없이 받아들일 수 있는 원동력이 될 수 있
습니다. "친구 따라 강남 간다"라는 말이 괜히 나온 말이 아닌 겁

니다. 가족 간의 사랑이든, 연인 간의 로맨틱한 사랑이든, 친구들 간의 우정이든 모두 존중과 친밀함을 추구합니다.

만약 이 관계에서 문제가 생긴다면 존중이 무너지거나 친밀함이 빠진 것입니다. 적이 아닌 가까운 사람들과 함께 있을 때 느끼는 편안하고 따뜻한 감정은 긴장하거나 경계할 필요 없이 서로 접촉하고 소통할 수 있게 만들죠. 일상에서 지지와 관심을 주고받고, 힘들 때는 다 같이 힘을 모아 한편이 되어 위로해 준다면 이 친밀감은 더욱 커지고 '사랑받고 있구나'라고 느끼게 됩니다. 설령 콩깍지가 씌었다 할지라도 사랑받는 감정 그 자체는 인간의 심리에 강력한 힘을 일으키는 것입니다.

이처럼 프로이트는 인간이 애정과 지지를 확실하게 느낄 때 더 큰일도 시도해 볼 수 있는 용기가 생긴다고 말했습니다. 관계 속에서 분명해지는 존중과 친밀함의 감정은 심리적으로 큰 안정감을 형성하고, 튼튼한 자아 존중감을 바탕으로 무언가를 시도할 수 있는 용기도 부여합니다.

살아갈 용기를 주는
가족, 연인, 친구

서른이 되면 인생을 살아갈 수 있는 원천적인 힘이 절실히 필요해집니다. 그 힘은 바로 용기이며, 사람들은 그 용기가 관계에서 나온다는 사실을 무의식적으로 알고 있습니다. 사람은 본질적으로 사람을 통해서 삶의 용기를 얻는 것이죠.

그래서 서른이 되면 단지 일만이 아니라 인간관계의 문제에도 신경을 많이 쓰게 된다고 볼 수 있습니다. 예를 들어 가족은 안정감과 지지를 주고, 친구는 취향과 자아를 존중해 주는 역할을 하는데요. 이들 관계에 갈등이 생기면 우리는 쉽게 결정을 내리지 못한 채 복잡한 감정에 휘말릴 수밖에 없죠.

새로운 가족이 생기는 경우

N 씨는 서른이 되면서 친구와 가족 사이에서 갈등을 겪기 시작했습니다. 대학 시절부터 쭉 친하게 지낸 친구들과 여전히 연락하며 지내지만, 결혼 준비와 직장 생활이 시작되면서 친구들과의 거리가 점점 멀어지는 것을 느꼈죠. 반면 결혼을 준비하면서 가족과 보내는 시간은 점점 더 중요해졌습니다.

새롭게 형성되는 가족과 기존의 친구 관계 사이에서 균형을 맞추기가 쉽지 않습니다. N 씨는 두 관계 모두에서 얻는 안정감과 용기를 포기할 수 없었기에 어떻게 균형을 잡아야 할지 고민하기 시작했습니다. N 씨는 그렇게 가족이 주는 안전한 보호와 친구들로부터 받는 존중과 자유 사이에서 그 균형을 맞추기 위해 노력하고 있습니다. 이런 갈등은 많은 30대가 겪는 고민이기도 합니다.

연인은 없지만, 친구가 많은 경우

B 씨는 연인은 없지만, 많은 친구와의 관계를 매우 소중히 여기고 있습니다. 특히 절친한 친구 셋과의 유대는 그에게 큰 힘이 됩니다. 그들은 서로의 삶에 중요한 지지자로서 각자 더 나은 삶을 살아가도록 건강한 자극을 주고받습니다.

B 씨는 "연인이 없는 지금, 친구들과의 관계가 주는 안정감과 활력이 훨씬 커요"라고 말합니다. 이 친구들은 B 씨의 자아를 존중해 주며, 서로의 성장을 돕는 동반자로 자리 잡았습니다. B 씨는 20대 시절 연인 한 사람에게 의지하며 살던 시간보다 지금이 훨씬 더 정서적으로 안정된 상태라고 느낍니다.

서른에 중요한 관계는 연인이 아닌 깊은 유대감을 나눌 수 있는 친구들일 수도 있습니다. 그들을 통해 삶의 안정성과 자아 발전, 일에서의 성장과 성취에 더 초점을 맞출 수도 있죠.

친구는 적지만, 평생 함께할 인연이 있는 경우

B 씨와 달리 G 씨는 친구보다 연인과의 관계에 집중하고 있습니다. 그에게 연인은 삶의 가장 중요한 존재이며, 연인과 함께하

는 시간이 무엇보다 소중합니다. 친구가 많지 않아도 G 씨는 연인과 깊은 유대 안에서 삶의 안정감과 목표를 찾고 있습니다.

그는 연인과 미래를 계획하고, 서로의 꿈을 지지하며 두 사람만의 가족을 꿈꾸고 있습니다. 연인을 통해 인생에서 중요한 용기를 얻고, 이 관계가 G 씨의 삶에 큰 에너지를 불어넣습니다. 평생을 함께할 그 사람과의 관계는 그에게 무엇보다 안정적이고 행복한 기반을 제공합니다.

서른 즈음에 우리는 자신만의 가족을 만들어 가는 과정을 겪습니다. N 씨는 결혼을 준비하면서 새로운 가족을 만들어 가는 데 집중하고 있으며, G 씨는 연인과 미래의 가족을 꿈꾸고 있습니다. 이와는 반대로 B 씨는 친구들과의 관계를 통해 안정감을 유지하고 있죠. 이들은 각자의 방식으로 자신만의 가족을 형성하고 있습니다. 이 과정에서 서로의 삶을 지지해 줄 존재들을 더욱 소중하게 여기게 되고, 가족과 친구 사이에서의 균형이 중요해집니다.

친구 관계에서 오는 안정감과 지지가 때로는 가족이나 연인과의 관계에서 갈등을 일으킬 수도 있고, 반대로 가족의 중요성을 지나치게 강조하다 보면 친구들과의 관계가 소원해질 수도 있습니다. 결국 기존의 가족 관계와 친구들 그리고 새로운 가족과의 관계 사이에서 크고 작은 변화를 겪습니다. 서로 다른 관계들이 충돌하거나 이해되지 않을 때도 있지만, 이 모든 관계가 살아갈 용기를 제공하는 중요한 역할을 합니다.

상실의 시기를
무너지지 않고 지나는 법

"사랑할 때 우리는 결코 고통에 무력하게 무너지지 않습니다. 하지만 사랑하는 대상을 잃거나 그의 사랑을 잃었을 때 우리는 무력하게 불행해집니다."

프로이트의 이 말은 사랑과 상실의 심리적 차이를 잘 드러내는 표현입니다. 사랑하는 과정에서는 우리는 강인함과 용기를 얻습니다. 자신도 몰랐던 잠재력이 발휘되는 순간들도 맞이하죠. 사랑은 우리를 고통으로부터 보호하는 감정이자, 삶에서 의미와 활력을 찾게 하는 중요한 원천입니다. 그래서 사랑이 있을 때 우리는 고통에 쉽게 무너지지 않을 수 있습니다. 사랑하는 동안 우리는 상실에 대한 두려움보다 함께하는 순간의 행복과 기쁨에 집중하게 되는데요. 여간해서 흔들리지 않는 단단한 심리적 방어 전선을 형성할 수 있기 때문입니다.

그러나 사랑을 잃는 순간, 특히 사랑하는 사람의 상실이나 그 사람의 애정을 잃었을 때 우리는 고통에 무력해지고 불행감에 빠집니다. 심리적으로 '분리 고통'이 따르는 것이죠. 사람은 중요한 사회적 관계가 끊어질 때 뇌도 강한 스트레스를 받게 돼 있습니다. 특히 애착 관계가 깨질 때 이는 절망과 우울 상태를 촉진합니다. 이런 상황이 되면 우리는 보호받지 못하고 고립된 상태라고 느끼며, 그 결과로 무력감과 비참함이 찾아옵니다. 신체도 이런 상실의 시기에는 탈진하기 쉬워질 정도로 취약해지죠.

따라서 심리학적으로 볼 때 사랑은 우리의 정서적 안전망을 제공하는 것은 분명하지만, 반대로 상실은 사람이 견디기 몹시 힘든 아픔을 경험하게 하고 현실을 살아 내기에 취약하게 만듭니다. 사랑은 세상의 어떤 고통도 잊게 한다지만, 그만큼 사랑이 사라지면 그 아픔과 고통이 더욱 크게 느껴지는 것이죠. 게다가 이런 아픔이 내재화되어 있으면 새로운 사랑을 찾고 사랑하는 것에 대해서도 당연히 두려움과 불안이 앞서게 됩니다. 정신 분석의 애착 이론에서 설명하는 중요한 원리로 '애착 대상의 상실'은 사람을 극심한 고통과 무력감에 빠뜨릴 위력이 있기 때문에 그 자체가 트라우마의 원천이자 대상이 되기도 합니다.

새로운 시도도 두렵지만, 잃는 것도 두려운 나이

20대보다 현실적으로 변하는 30대에는 이런 상실의 아픔이나 상처를 받기 쉬운 상태가 되는 것에 더욱 민감해지고 조심스러워지기 마련입니다. 새로운 도전에 대해서도 불안과 두려움을 느끼기 쉽고, 기존의 것들을 잃는 상황에 대해서는 몹시 예민해집니다. 서른이라는 나이는 삶의 전환기로, 개인적, 직업적, 감정적 변화들이 많아지는 시기입니다. 새로운 관계나 기회를 찾고자 하는 욕구는 더욱 커지지만, 동시에 기존의 관계나 성취를 잃어버릴 것에 대한 두려움도 깊어지는 시기라는 것을 잘 이해해야 합니다.

이처럼 상실에 대한 본능적인 저항과 불안이 증폭되기 쉬운 서른에는 안전지대를 향한 갈망도 당연히 커진다는 것을 알 수 있습니다. 그러니 기존의 사람들이나 관계와 새로운 일들이 교차하고 충돌할 때 마음속의 갈등이 심해지고 복잡해지더라도 너무 이상하게 생각하지 마세요. 다만 이런 복합적이고 민감한 서른의 시기에 자신과 타인의 관계 속에서 어떻게 스스로 안전하고 안정된 느낌을 유지하고 확보하느냐 고민하는 과정은 꼭 필요합니다.

만약 친구도 가족도 없다면?

사람들과의 친밀한 관계를 통해 험한 세상을 헤쳐 나갈 수 있는 용기와 힘을 얻는다는 것은 잘 알고 있지만, 정작 자신의 주변에는 마땅한 사람이 없어서 더 외롭고 절망스럽게 느껴지는 사람도 있을 수 있습니다. 특히 사람들과의 관계 문제와 갈등으로 인한 상처, 상실의 아픔과 사람에 대한 두려움이 삶의 안정성까지 위협한다면 어떻게 하는 것이 좋을까요?

조급함 때문에 무작정 친구 만들기에 나서기보다 무해한 존재들로 잠시 눈을 돌려 보세요. 이를테면 반려동물같이 의리 있고, 언제나 친근하게 맞아 주는 존재들 말입니다. 아무에게나 의존하거나 가까워지다가 생길 수 있는 위험을 높이기보다 이런 방식이 더 도움이 될 수 있습니다. 사랑하는 사람을 완전히 대체할 수 없다 해도 이들 역시 우리 삶에 따뜻한 친밀감과 위로를 가져다줄 수 있습니다. 그리고 무엇보다 안전합니다. 그들은 우리가 외롭거나 지쳤을 때 따뜻함과 내 편이라는 감각을 주며, 조건 없는 애정을 제공하죠. 프로이트도 그의 삶에서 이런 동물의 힘을 잘 이해하고 있었습니다.

프로이트, 반려견 조피에게서 심리 치유 능력을 발견하다

프로이트는 다음과 같은 말을 남겼을 정도로 반려견에 대한 애정이 남달랐습니다.

"개는 친구를 사랑하고 적을 물어뜯지만, 사람들은 순수한 사랑을 할 수 없고 항상 사랑과 미움을 섞어 관계를 맺는다."

그의 삶에서 반려견은 중요한 역할을 했습니다. 그의 반려견 사랑은 딸 안나 프로이트의 친구인 도로시 벌링엄이 선물한 첫 번째 반려견 '뢴유'를 키우면서 시작되었습니다. 그러나 안타깝게도 뢴유는 약 1년 후에 사고로 세상을 떠났고, 프로이트는 깊은 슬픔에 잠겼죠. 그리고 몇 달 후 뢴유의 동생인 '조피'를 맞이했으며, 조피는 이후 그의 삶에서 중요한 동반자가 되었습니다. 조피는 1937년까지 살았고, 프로이트가 암과 싸우던 말년에 큰 위로와 지지가 되었습니다. 조피가 세상을 떠난 후 프로이트는 다시 반려견을 키우지 않았습니다.

프로이트가 반려견을 키웠던 사실을 아는 분들이라면 조피를 아시겠지만, 조피가 프로이트의 치료실에까지 등장했다는 사실은 아마 잘 모르실 겁니다. 조피는 프로이트의 환자 치료 세션에도 자주 참여했으며, 조피의 행동은 환자의 심리 상태를 읽는 데 많은 도움이 되었습니다. 프로이트는 조피에게 환자들을 진정시키며 그들의 긴장 상태를 감지하는 능력이 있다고 믿었어요. 그리고 조피에게는 치료 세션의 50분이 끝나는 시간을 알아차리는 비범한 능력이 있었다고 전해집니다.

일하에 따르면 조피는 세션이 끝날 즈음에 일어나 문 쪽으로 향함으로써 프로이트와 환자 모두에게 치료 시간이 다 되었음을 효과적으로 알리는 역할을 했다고 합니다. 프로이트는 이런 조피의 행동을 높이 평가했는데요. 덕분에 자연스럽고 부드럽게 세션을 마무리할 수 있었기 때문이죠.

게다가 프로이트는 조피가 시간뿐만 아니라 환자의 감정 상태에도 민감하다는 것을 관찰했습니다. 조피는 불안하거나 스트레스를 받는 환자에게는 더 가까이 머물고, 더 차분한 환자에게는 조금 거리를 뒀습니다. 조피의 존재는 환자들에게도 위로와 안정감을 줬으며, 프로이트와 환자 모두에게 긍정적인 영향을 미쳤습니다.

프로이트는 이런 반려견의 직관적인 행동을 직접 경험하면서 동물이 가진 치료적 잠재력에 대한 믿음이 커졌습니다. 지금은 동물을 통한 심리 치유 방식이 많이 활용되고 있지만, 당시에는 조피가 거의 최초였다고 할 수 있죠. 조피는 프로이트가 사람들을 치료할 때 치료 관리에 도움을 주면서 보조 치료자 역할을 한 셈입니다. 프로이트의 환자들도 치료실에서 종종 조피의 존재에 대해 감사함을 표현했습니다. 조피의 차분한 태도와 낯을 가리지 않는 성격 덕분에 환자들은 마음을 열고 내면의 생각과 감정을 더 쉽게 공유할 수 있었죠.

이처럼 개와 인간관계는 어떤 면에서 감정적으로 그리고 이해관계로 얽힌 복잡한 사람들 간의 관계보다 순수성을 가지는데요. 바로 이런 부분이 바로 사람의 마음에 안전감과 신뢰와 존중의 느낌을 주는 요소입니다. 궁극적으로 친근함과 친밀감이 싹틀 수 있는 마음의 여지를 제공하는 것이죠.

조건 없는 용기를 주는 무해한 존재들의 온기

프로이트와 그의 반려견 조피의 이야기는 우리에게 개방적이고 공격성이 없는 태도, 과민하게 눈치 보지 않고 자신의 일과 역할에 충실하는 독립성 등이 편안함을 부여하고, 존중과 친밀의 느낌으로 다가올 수 있다는 것을 보여 줍니다. 이런 요소들이 우리가 동물들과 교감에서 배워야 할 중요한 원천이죠.

또한 프로이트와 조피에 대한 이야기는 친밀함이 꼭 인간관계에서만 오는 것은 아님을 보여 줍니다. 만약 주변에 친밀한 관계를 맺을 사람이 없다고 느껴진다면, 많은 상처와 상실의 아픔 때문에 선뜻 새로운 사람들과 관계 맺을 용기가 나지 않는 상황이라면 자연이나 동물들과 같은 '무해한 존재들'과의 교감을 통해 새로운 형태의 친밀함을 찾아볼 수 있습니다. 그들은 우리의 일상에 또 다른 기쁨과 위로를 가져다주며 험한 세상을 헤쳐 나갈 용기와 힘을 줍니다.

꼭 반려동물을 키우지 않더라도 동물들을 친구 삼아 그들의 모습에 관심을 두고 관찰하는 과정에서 많은 것을 느끼고 배울 수 있습니다. 해가 없는 존재들이 주는 힘이 있으니까요. "고양이와 함께한 시간은 절대 헛되지 않다"라는 말이 있습니다. 내가 키우는 고양이가 아니더라도 잠깐 만나는 순간을 통해 교감을 할 수 있고, 예상치 못한 편안함과 안정감을 느낄 수 있습니다. 그들은 결코 무례하거나 먼저 공격하지 않기 때문입니다.

호숫가에서 물장구치며 목욕하는 오리들만 봐도 자신도 모르게 힐링을 받을 수 있습니다. 자연 속에서 동물들의 자유롭고 평화로운 모습을 바라보는 것만으로도 마음의 위안을 얻을 수 있죠. 그들의 순수한 행동과 무해한 존재감은 우리의 스트레스와 걱정을 잠시나마 잊게 해 줍니다.

서른이 되면 사람들은 단순히 일과 성취에만 집중하는 것이 아니라 그 성취를 지탱해 줄 인간관계에 대한 깊은 고민을 시작하게 됩니다. 그 관계들에서 용기를 얻고, 때로는 갈등과 불안을 마주하면서도 자신의 삶을 더욱 탄탄하게 만들어 가야 하는 시기가 바로 서른이죠.

하지만 이 시기에 마음 놓고 의존할 관계가 없다면 프로이트처럼 동물과의 깊은 친밀감을 통해 새로운 힘을 얻을 수 있습니다. 그들은 우리에게 편안함과 안정감을 주며, 무해한 존재만이 주는 특별한 힘이 있습니다. 인간관계에서 오는 친밀함과는 또 다른 형태의 위로와 지지를 통해 우리는 삶의 도전에 맞설 용기와 힘을 얻을 수 있습니다.

"친밀함은 '내 편'이라는 감정이며, 우리를 안정시키고 더 성장할 수 있도록 도와줍니다. 주변에서 친밀함을 느낄 수 있는 존재가 있는지 살펴보세요."

17

사랑은 일처럼 배우고
일은 사랑처럼 즐겨라

"사랑과 일 그리고 일과 사랑,
이외에 다른 건 없다."

프로이트는 인생에서 사랑과 일을 가장 중요한 두 축으로 봤습니다. 이 격언은 서른 즈음의 많은 사람이 겪는 갈등을 깊이 반영합니다.

사실 서른이라는 나이에 사랑과 일, 이 두 가지를 동시에 고민하는 것은 전혀 이상한 것이 아닙니다. 직업이라는 관점에 서 있을 때는 중요한 결정을 내려야 하고, 사랑이라는 관점에 서 있을 때는 나와 인생을 함께할 소중한 사람과의 관계를 고민해야 하니까요.

연애와 일,
둘 다 잡을 방법은 없을까

현대를 살아가는 청년들은 사랑과 일 모두에서 현실적인 난관을 마주하고 있습니다. 취업난은 여전히 심각하며 대기업과 고연봉 직장의 경쟁률은 극에 달해 있고, 많은 청년이 더 안정적이고 보람 있는 직장을 찾기 위해 고학력을 요구하는 직종에 몰립니다. 그렇기에 낮은 급여, 미흡한 복지 그리고 부족한 사회적 평가를 받는 중소기업은 더 이상 20대, 30대에게 매력적인 선택지가 아닌 것입니다. 게다가 이런 난관을 이겨 내고 일자리를 구했다고 하더라도 끝이 아닙니다.

배달업이나 플랫폼 노동에 뛰어든 청년들도 긴 노동 시간과 낮은 수익성에 지쳐 가고 있죠. 한 청년은 배달 일을 통해 매달 400만 원에서 500만 원을 벌지만, 가스비와 유지비를 제외하고 나면 남는 돈이 거의 없다고 고백합니다. 성취와 실패가 교차하는 이 현실에서 청년들은 생계유지마저 힘겹게 느끼고 있고, 현재의 직장을 지속해 나가느냐 마느냐의 고민은 서른을 넘어서면서 가속화됩니다.

사랑의 문제도 마찬가지입니다. 연애와 결혼을 주저하는 젊은층은 늘어나고 있으며, 경제적 불안감과 미래에 대한 불확실성은 관계 속에서 증오와 질투 같은 복잡한 감정을 증폭시킵니다. 사랑에는 애정과 미움이 섞여 있기 때문에 지속과 헤어짐에 대한 양가감정도 커지기 마련입니다. 특히 서른을 지나는 많은 사람이 연애에서의 실패와 갈등을 해결할 수 있는 방법을 고민하고 있으며, 사랑을 지속하는 것이 얼마나 어려운지를 체감하고 있습니다.

이처럼 현대인들은 일과 사랑에서 모두 갈등과 도전을 겪으며 성장하려 노력하고 있습니다. 많은 어려움 속에서 그들은 각자의 방식으로 균형을 찾고자 합니다. 첫사랑에 대한 환상은 이미 사라졌고, 일에서도 막연한 기대보다는 현실적인 어려움이 더 크게 다가옵니다. 따라서 서른 즈음에는 외부보다 자신과의 타협점을 찾는 것이 먼저입니다. 말하자면 기대치와 현실 목표를 조정하고 여러 가지 갈등의 조율점을 찾는 과정에서 앞으로의 전반적인 계획 수정 과정이 필요한 것이죠.

이제 서른에 접어든 I 씨는 직장에서의 성취와 연인과의 관계 사이에서 깊은 갈등을 겪었습니다. 그는 직장에서 인정받기 위해 야근과 주말 출근을 마다하지 않았습니다. 그러나 그로 인해 연인과의 약속을 자주 깨뜨렸고, 결국 관계가 소원해지기 시작했습니다. I 씨는 "일도 중요하지만, 사랑하는 사람과의 관계를 유지하는 것이 이렇게 어려운 줄 몰랐어요"라고 말했습니다.

그러나 그는 어느 순간 깨달았습니다. 자신의 성공은 사랑하는 사람이 곁에 있을 때 더욱 의미 있다는 것을 말이죠. 직장에서 성취감을 느끼는 만큼 연인과의 감정적 교류도 중요하다는 것을 점차 배웠습니다. 그는 이 과정을 통해 서서히 일과 사랑모두에서 균형을 찾기 시작했고, 두 관계가 서로에게 힘이 되어준다는 사실을 깨달았습니다.

실패와 좌절을 다루는 가장 좋은 방법은 '배우는 것'이라는 말이 있습니다. I 씨의 이야기처럼 지금의 실패를 다음 성공의 어머니로 반드시 만들고 말겠다는 투지와 의지가 필요합니다.

애정에 숨겨진 증오와 질투
성취에 숨겨진 실패와 파괴

프로이트는 사랑과 일이 단순히 긍정적인 요소로만 이뤄진 것이 아니라 생과 죽음의 본능이 뒤섞여 있고, 그 안에는 건설과 파괴가 혼재되어 있음을 지적했습니다. 또한 그에 의하면 사랑은 생명 본능인 에로스와 연결되며, 타인과 연결되고자 하는 본능적 욕구를 나타냅니다. 동시에 사랑에는 증오와 질투라는 감정도 숨어 있습니다. 때로는 사랑하는 이와의 관계도 갈등과 미움, 불안으로 인해 흔들릴 수 있죠. 사랑은 단순한 애정의 감정이 아니라 상반되는 감정들이 얽히며 복잡하게 작용하는 과정이기 때문입니다. 우리가 성숙을 통해 나아가야 할 지점은 바로이 미움과 증오, 질투의 문제를 해결하고 사랑 속에서 더 큰 친밀함과 이해를 쌓아 가는 것입니다.

한편 일도 사랑과 같이 복잡한 요소들로 이뤄져 있습니다. 일은 우리의 자아를 실현하고 성취를 이루는 중요한 과정이지만, 그 이면에는 실패와 파괴가 자리 잡고 있습니다. 성취를 위해 끊임없이 달리는 과정에서 우리는 종종 실패를 겪고, 때로는 그 과정에서 자신을 스스로 파괴하는 경험도 합니다. 프로이트는 이를 죽음 본능, 즉 타나토스와 연결 지었으며 인간은 성취를 추구하면서 동시에 자기 파괴적 충동과 맞서 싸워야 한다고 봤습니다. 일에서의 실패와 파괴의 문제를 해결해야 하는 것도 우리가 배움과 성숙을 통해 극복해야 할 과제 중 하나인 것이죠.

프로이트는 1885년 11월 24일에 마르타에게 보낸 편지에서 이렇게 말했습니다.

"나의 야망은 오랜 삶을 통해 세상에 대해 무엇인가를 배우는 데 만족하는 거예요. 우리의 미래 계획은 결혼하고 서로 사랑하며 일하되 인생을 함께 즐기는 것이어야 합니다. 마치 경주마처럼 결승선을 먼저 통과하려고 내 에너지를 모두 쏟아 내지는 말아야 해요."

프로이트는 삶을 서두르지 않고 꾸준히 성장하고 배우는 과정을 중시했으며 '느린 성공'을 이야기했습니다. 그는 번뜩이는 순발력이나 눈치로 빠르게 기회를 포착해서 성취하는 방식과는 다르게 오랜 시간 동안 집중해 깊이 파고들어 가면 결국 성공에 도달할 수 있다고 믿었습니다.

그는 일종의 자기 관리를 하며 무리하지 않고 지속 가능한 성장을 통해 행복을 찾는 방식을 추구했습니다. 무엇보다 사랑하는 사람과 함께 배우고 사랑하며 인생을 즐기는 것을 중요시했죠. 유명해지고 사람들로부터 인정받고 싶어 했던 그였지만 야망을 향해 질주하는 경주마가 되기보다 삶의 즐거움을 추구하고, 균형을 유지하며 끊임없이 성숙하고 성장하는 인생을 원했던 것입니다.

모든 것은 성숙의 과정이다

서로에게 사랑한다고 말하면서도 계속 갈등을 겪고 싸우게 될 때 계속 함께할 수 있을지 고민이 깊어집니다. 또한 일을 하면할수록 성과도 나지만 자신을 너무 혹사하고 혼자 책임을 짊어지는 게 과중하다고 느낄 때 몹시 괴로워지기 마련입니다. 과연 그 끝은 어디일지, 최종의 자신의 모습과 자기 삶은 어떨지 의문이 들기도 하죠.

프로이트는 죽을 때까지 성숙의 과정을 통해 이런 복합적인 문제를 해결해 간다고 했습니다. 그 자신도 나이에 비해 아직 성숙은 멀었다며 솔직하게 고백하기도 했죠. 또 사랑에서도 시행착오의 필연성에 대해 의미심장한 말을 남기기도 했습니다.

"사랑도 다른 모든 것처럼 배워야 한다는 사실을 이미 알고 있을지도 모릅니다. 그러므로 실수를 피하기는 어렵습니다. 첫사랑이 반드시 지속되는 사랑(마지막 사랑)일 필요는 없습니다."

사랑에서는 증오와 질투의 문제를 해결하는 법을 배우고, 일에서는 실패와 파괴의 문제를 수습하고 다루는 법을 배워야 합니다. 그리고 그 끝에는 우리가 원하는 친밀함과 성취에 대한 만족과 기쁨이 있을 것이라 고대하면서 나아가야 합니다.

"우리 서로 사랑하며 일합시다."

이 구절은 프로이트가 약혼자 마르타 베르나이스에게 보낸 편지의 마지막에 등장하는 문장입니다. 프로이트는 이 문장에서 그들의 사랑이 인생의 목적과 일에 힘을 실어 준다고 믿었으며 이 친밀함을 바탕으로 사랑과 일 사이의 조화가 이뤄질 수 있다는 강한 믿음을 보여 줬습니다. 이처럼 사랑은 그에게 단순한 감정 이상의 의미가 있습니다. 프로이트에게 사랑은 일과 삶에 에너지이자 더 큰 성취를 가능하게 하는 원동력이었습니다.

함께 견딘 고난이 단단한 관계를 만든다

다음의 문장은 프로이트가 1907년에 동료인 칼 융에게 보낸 편지에서 나온 구절로 알려져 있습니다.

"한 날, 회상할 때 투쟁의 해는 가장 아름다운 날로 여겨질 것이다."

프로이트는 이 문장을 통해 융에게 어려운 시기에도 그들의 연구를 계속 이어 가기를 독려했습니다. 현재의 고난이 나중에는 소중하고 아름다운 경험으로 여겨질 것이라는 깊은 통찰을 전한 것이죠. 이 문장은 삶에서의 투쟁과 어려움이 오히려 개인의 성장과 성숙을 촉진하는 과정임을 시사합니다. 즉 우리가 겪는 고난이 단순한 고통으로 끝나는 것이 아니라 나중에 돌이켜 보면 우리를 단단하게 하고 풍요롭게 만든 시기로 기억될 수 있다는 것이죠.

프로이트는 고난을 통해 배우고 강해지는 인간의 심리적 역동성을 강조하며, 이 과정에서 우리가 더 큰 성취와 만족을 얻을 수 있음을 암시했습니다. 현재 우리가 겪는 어려움이 미래에 얼마나 아름답고 소중한 추억이 될 수 있을지를 떠올리면서 인생의 암흑기를 지나갈 수 있다는 것입니다. 미래에 얻게 될 의미가 현재를 살아가는 동력이 될 수 있습니다.

그리고 무엇보다 누군가와 함께 역경을 뚫고 나갔다면 그 두 사람은 동지애 같은 친밀함을 선물로 얻게 됩니다. 대개 이 시기를 통해 신의와 의리를 서로 확인하게 되는데 이는 친밀한 관계를 형성하는 데 필수적인 요소입니다. 사랑하는 사람에게 신뢰를 주고, 상대방도 나를 믿을 수 있을 때 그 관계는 더욱 단단하고 깊어집니다. 의리는 서로의 고난과 어려움을 함께 견뎌 내는 중요한 동반자적 태도인 셈이죠.

프로이트가 말한 '투쟁의 해'는 외부적인 어려움뿐만 아니라 내적 투쟁을 의미합니다. 내적 어려움을 견디고 풀어 나가는 경험은 결국 우리 스스로에게도 '내적 친밀'이라는 선물을 줍니다.

개인의 내적 갈등을 해결하면서 우리는 자신과 친해질 수 있고, 관계에서도 두 사람 사이의 끈끈함과 쫀쫀함을 더해 줍니다.

끊임없이 변화하는 일과 사랑
계속해서 흔들리며 성장하는 나

서른에게 사랑과 일의 균형이란 평균대 위에서 완벽한 중심점을 찾는 그런 것이 아닙니다. '사랑도 다른 모든 것처럼 배워야 한다'는 말처럼 우리는 사랑과 일이 단순한 감정이나 성취에 그치는 것이 아니라 끊임없이 배우고 성장하는 동적인 과정이라는 사실을 깨닫는 것이 중요합니다.

첫사랑이 반드시 영원한 사랑으로 이어지지 않듯이 실제로 서른 즈음의 많은 사람이 이전의 연애에서 실수하고, 상처받으며 성장해 왔습니다. 더 성숙한 관계를 원하지만 그만큼 사랑할 능력을 키우고 배워야 한다는 현실을 맞닥뜨리죠. 상처 자체가 사랑의 능력까지 키워 주지는 못합니다. 서툰 감정 표현, 과도한 기대 그리고 갈등을 어떻게 해결해야 할지 깊이 고민하면서 스스로 그 해법을 찾아 나가야 하죠. 사랑과 일은 정지된 지점이 아니라 시간과 함께 흐름을 타며 역동적으로 성장해 가는 과정인 것입니다.

기존의 사랑에서 관계의 복잡함을 배웠다면 이제는 감정을 표현하는 방법과 갈등을 해결하는 방법까지도 배울 차례입니다.

흔히 '생각하는 사랑'을 종종 '따지는 사랑', '계산하는 사랑'과 오해하고는 합니다. 모든 사랑의 과정에서 우리는 상처와 실수를 피할 수 없으므로, 사랑도 생각해 가면서 하는 것이 당연합니다. 친밀한 관계를 맺는 것은 그저 한순간의 감정적 교류가 아니라 상호 존중과 이해를 통해 지속해서 발전하는 것이기 때문입니다.

일 또한 마찬가지입니다. 서른에는 일에서 성공과 성취를 이뤄야 한다는 사회적 기대가 커지지만, 실패와 좌절 역시 함께 다가옵니다. 우리가 어떤 목표를 달성한 것도 성공이겠지만, 진짜 성공은 그 과정에서 마주치는 고난과 실패를 통해 성공하기 전의 나보다 훨씬 더 강해지고 단단해지는 것입니다.

결국 사랑과 일의 균형은 단순한 평균점 찾기가 아닌, 삶과 함께 역동적으로 변화하고 성숙해 가는 과정입니다. 이 균형은 순간적으로 이뤄지는 것이 아니라 매 순간의 선택과 경험을 통해 조금씩 조율되며, 성숙으로 나아가는 흐름을 탈 수 있어야 이룰 수 있습니다.

서른, 사랑도 어렵고 일도 힘들지만, 거기에서 배우고 성장하며 더 나은 자신과 인생을 만들어 가는 시기입니다.

감정과 성취 사이에서 균형 잡는 법

1. 내적 갈등을 인정하고 스스로와 대화하는 시간을 갖기

서른이 되면 자신에게 묻게 되는 질문들이 많습니다. '나는 이 길을 제대로 가고 있는가?' '내가 선택한 일이 나에게 맞는 것인가?' 내면에서 생겨나는 이런 갈등은 우리가 자아를 실현하는 중요한 출발점이 됩니다.

2. 완벽한 균형을 기대하지 말고 우선순위를 정하기

사랑과 일 사이에서 완벽하게 균형을 잡는 것은 불가능에 가깝습니다. 그렇기에 어느 시점에서는 무엇이 더 중요한지 우선순위를 정하는 것이 필요합니다. 어떤 시기에는 일이 더 중요한 반면 또 다른 시기에는 사랑이 우선될 수 있습니다.

우선순위도 고정불변의 무엇이 아니라 유동적으로, 역동적으로 변화합니다. 이를 대립적인 관계로 보지 않고, 서로 보완적인 관계로 이해하는 것이 중요합니다. 지금 나에게 무엇이 더 중요한지 생각해 보시길 바랍니다.

3. 동지애를 바탕으로 관계 형성하기

친밀한 관계는 단순한 사랑이나 연애 이상의 의미가 있습니다. 프로이트는 동지애가 관계를 더욱 단단하게 만든다고 말했습니다. 사랑하는 사람과 함께 겪는 어려움과 투쟁은 두 사람 사이의 깊은 유대감을 형성하게 해 줍니다. 서로가 겪는 문제를 함께 나누고, 그 안에서 함께 성장하는 경험은 친밀한 관계를 더 강하게 만들죠. 그리고 그 안에서 신의와 의리가 깊게 뿌리내립니다. 서로의 고난을 함께 겪을 때 그 관계는 단순한 감정을 넘어서는 신뢰와 의리로 묶일 수 있습니다.

4. 감정적 교류를 소홀히 하지 말기

현대인들은 바쁜 일상에서 감정적 교류를 자주 잊곤 합니다. 프로이트가 마르타에게 꾸준히 손 편지를 보냈듯이 여러분도 사랑하는 사람에게 자신의 감정을 표현하고, 그들의 감정에 귀 기울이는 시간을 가지세요. 따뜻한 말 한마디와 대화는 관계를 깊고, 안정적이게 만듭니다.

"사랑과 일은 한곳에 멈춰 있지 않습니다. 복잡한 시간의 흐름에 따라 함께 성장하며 나아가야 합니다."

18

질투와 부러움이
열등감이 되지 않도록

> "가치 있지만 쉽게 부서질 것을 소유한 사람은
> 다른 사람들의 부러움을 매우 두려워한다.
> 그 이유는 자신이라면 느꼈을 부러움을 투사하기 때문이다."

질투와 부러움은 인간 본성의 일부로, 사람들은 자신이 갖지 못한 것을 가진 이들을 보고 부러움과 질투를 느낍니다. 이는 인간의 본능적인 반응이지만, 때때로 상대방을 부정적으로 바라보게 만들기도 합니다.

프로이트는 《The Uncanny》(1919년)에서 인간이 자신의 감정과 불안감을 타인에게 투영하는 방어 기제인 '투사'를 설명하고 있는데요. 사람들이 소중하지만 불안정한 것을 가졌을 때 타인의 질투나 시기를 두려워하는 이유가 자신이 그 자리에 있었다면 느꼈을 감정, 즉 부러움을 투사하는 것에서 비롯된다는 것입니다.

질투, 결핍과 불안을
투사하고 있다는 증거

프로이트의 투사 개념은 우리가 내면의 불쾌한 감정이나 결핍을 인식하지 못하고 그것을 타인에게 던지는 방어 기제입니다. 즉 누군가가 나를 질투한다고 느낄 때 사실 그 감정은 내가 그 입장이라면 느꼈을 불안감이나 질투에서 기인한 것일 수 있습니다.

우리는 불안정한 감정을 타인에게 옮기며, 이를 통해 스스로가 느끼는 불편한 감정을 직면하지 않으려는 경향을 보입니다. 예를 들어 우리는 타인의 모습을 보고 자신도 모르게 부러워할 때가 있습니다. 그런데 평소 자신이 남을 부러워하는 것을 억눌러 왔다면 부러움이나 질투의 감정이 다시 수면 위로 나타날 때 낯설고 불쾌한 감정을 경험하는 것입니다.

그런데 더 중요한 진실이 있습니다. 다른 사람이 나를 부러워할 때 불편한 수준을 넘어서 왜 두려워지기까지 하느냐는 것이죠. 그 감정은 우리 자신의 내적 불안과 연결되어 있습니다.

예를 들어 성공을 했더라도 그 성공이 언제든 무너질 수 있다는 불안감이 내재되어 있으면 타인의 질투나 공격이 더 크게 느껴질 수 있습니다. 비록 다른 사람은 모른다고 해도 우리는 현재 가진 성공이나 소중한 것이 얼마나 취약한지를 알고 있습니다. 그렇기에 타인이 부러움을 넘어서 나의 것을 공격해 빼앗으려 할 거라고 생각하며 두려움을 느끼죠. 상대가 나를 공격하려는 의도가 아닐지라도 내면의 불안 때문에 상대의 행동을 위협으로 과도하게 해석하는 경향이 있습니다.

결국 해결책은 자신의 불안정성을 인식하고 이를 관리할 힘을 기르는 데 있습니다. 자신을 지켜 낼 확고한 자아를 갖추면 타인의 질투나 공격성에 대한 두려움도 자연스럽게 줄어듭니다. 이를 통해 우리는 더 자신감 있게 우리의 것을 지켜 낼 수 있고, 타인의 부정적인 시선에 휘둘리지 않는 의연함을 가질 수 있습니다. 이 과정은 자신의 내적 힘을 강화하고, 타인의 감정과 반응을 과도하게 해석하지 않는 균형 잡힌 태도를 기르는 데 도움이 됩니다.

서른 즈음에 사람들이 질투와 부러움에 자주 사로잡히는 이유는 이 시기가 사회적 성공과 자아실현에 대한 압박이 커지는 시기이기 때문입니다. 직장에서의 성취, 결혼, 재정적 안정 같은 중요한 삶의 목표들이 현실화되는 시기이므로, 이런 목표를 달성하지 못했을 때 상대적 박탈감을 느끼기 쉽습니다. 주변 사람들의 성공은 더 눈에 들어오고, 이를 통해 자신을 더 낮게 평가하거나 실패자로 여기는 경향이 강해지며 내면의 불안이 증폭됩니다.

하지만 역설적이게도 이 시기의 사람들은 아직 자아를 완전히 확립하지 못한 상태에 있는 경우가 많습니다. 특히 SNS 같은 매체는 타인의 성취를 실시간으로 보여 주며 자신과 타인을 끊임없이 비교하게 만들죠. 비교는 취약함과 불안정성을 더욱 자극해 자신을 지키기 위한 방어적 행동을 유발합니다.

예를 들어 승진한 A 씨가 동료들의 질투를 두려워해 그 사실을 숨기려 하고, B 씨는 자신의 일상을 공개하지 않기 위해 SNS 활동을 줄이는 식입니다.

프로이트의 투사 개념으로 보면 사람들은 자신의 불안과 취약함을 타인에게 투사해 그들의 질투나 공격성을 과도하게 해석하는 경향이 있습니다. 자신이 가진 성취가 불안정하다고 느낄 때 우리는 타인이 그것을 빼앗으려 하거나 부러워한다고 생각하죠. 그러나 이는 사실 내면의 불안을 반영한 것이며, 이를 극복하기 위해선 내적 안정감을 키우고 타인의 시선에 휘둘리지 않는 것이 중요합니다.

서른은 여전히 정서적 성숙이 진행되는 시기입니다. 자신을 방어하려는 심리로 인해 타인의 질투를 두려워하거나 자신의 결핍을 상대에게 투사하는 경우가 많아집니다. 그 결과로 사회적 활동을 줄이거나, SNS 사용을 피하는 사람들이 늘어납니다. 이는 그들의 불안정한 자아와 취약함을 보호하려는 시도이며, 그들에게 정서적 안정과 내적 확신을 키우는 것이 필요한 이유입니다. 결국 서른에는 경쟁과 비교가 만연한 사회에서 자기 확신을 키우고, 타인의 질투와 시기에 휘둘리지 않으려는 노력이 필요한 것이죠.

수많은 질투와 공격을
이겨 내는 프로이트의 비결

프로이트는 그의 생애 동안 수많은 질투와 경쟁 속에서 자신의 이론을 지켜 내고, 정신 분석학이라는 새로운 학문을 개척했습니다. 그는 당시 의학계와 심리학계에서 수많은 비판과 공격을 받았지만, 자신만의 방법으로 내적 확신과 정신적 탄력성을 키워 나갔어요. 그의 경험은 현대 사회에서 질투와 부러움을 극복하고 성취를 유지하는 비법을 이해하는 데 중요한 교훈을 제공합니다.

　프로이트는 정신 분석학을 발전시키는 과정에서 기존 학계와 의료계의 거센 저항을 받았습니다. 그가 주창한 무의식의 개념 이나 성적 본능의 중요성 등은 당시의 사회적 규범과 맞지 않아 큰 논란을 불러일으켰죠. 심리학계 내부에서도 프로이트는 여러 동료와 격렬한 경쟁을 벌였으며 이는 때때로 직접적인 공격으로 이어지기도 했습니다.

　한 예로, 칼 융과의 관계는 초기에는 협력적이었으나 시간이 지나며 갈등과 경쟁이 격화되었습니다. 결국 융이 프로이트의 이론에 대해 비판적인 태도를 보이면서 둘 사이의 관계는 단절되고 말았습니다. 하지만 이런 과정에서도 프로이트는 자신의 이론을 끊임없이 다듬고 보호하려는 노력을 지속했습니다.

　프로이트는 외부의 질투와 공격에 대응하기 위해 자신의 내적 신념과 학문적 목표를 더 확고히 했습니다. 그는 자신의 이론을 지지하는 제자들을 양성하며, 그들로부터 정신적 지지를 받았습니다. 또한 그는 내적 불안과 타인의 공격을 자신의 연구에 대한 동기 부여로 전환했습니다. 무엇보다 자기 분석을 통해 자신의 감정을 끊임없이 탐구하며 더 강해졌고, 타인의 질투와 비판에 크게 흔들리지 않았습니다. 프로이트는 자신의 내면적 불안을 철저히 이해하려는 노력을 계속했기 때문에 자신이 처한 상황을 객관적으로 바라보고 대처할 수 있었던 것이죠.

프로이트는 자신의 성취와 이론이 취약하다는 것을 인정하면서도 그것을 지속적으로 보호하고 강화할 수 있는 방법을 찾았습니다. 자신의 불안정한 성공을 더 공고히 만들기 위해 끊임없이 새로운 연구를 수행하고 논문을 발표했죠. 동료 학자들과 적극적으로 논쟁하며 자신의 이론을 계속해서 다듬었고, 이를 비판을 성장과 발전의 계기로 삼았습니다.

결론적으로 프로이트는 내적 신념과 자기 분석을 통해 타인의 질투와 비판을 극복했고, 자신의 성공을 지켜 내며 더욱 단단해진 학문적 성취를 이뤘습니다. 이는 현대인들에게도 자신의 내면을 깊이 이해하고, 타인의 질투를 두려워하지 않으며 자신의 길을 확신하는 것이 얼마나 중요한지를 보여 줍니다.

타인의 시선에
겁먹지 말고 의연해질 것

프로이트가 그랬던 것처럼 인간의 본질에 대해 이해하고 통찰력을 갖는 것이 타인과의 경쟁과 질투의 틈바구니에서 의연하게 살아남는 최고의 비법이라고 할 수 있습니다. 좋은 것, 뛰어난 것을 부러워하고 질투하는 것은 인간 본래의 특성이라는 사실, 질투는 사악한 모습과 행동을 쉽게 동반할 수 있다는 사실을 받아들여야 합니다. 질투 자체는 근본적으로 결핍에서 발생한다는 통찰을 통해 스스로 더욱 단단해질 뿐만 아니라 인간에 대한 공감과 포용력을 키워 갈 수 있습니다.

그러니 이제는 상대가 질투할 때 지레 두려워할 필요가 없습니다. 사실 그들은 자신이 갖지 못한 것에 대한 결핍을 여러분에게 고백하는 중이니까요. 그들이 투사한 감정이 그들 내면의 결핍에서 비롯된 것임을 명확하게 인식하는 것만으로도 타인의 질투와 눈총에서 벗어나 '객관화 작업'을 하며 의연해질 수 있는 길이 열립니다. 사람들은 늘 자신들의 결핍을 알게 모르게 드러내기 마련입니다. 프로이트는 이렇게 말했답니다.

"성적 만족이 없는 사람은 성에 대해 말하고, 배고픈 사람은 음식에 대해 말하며, 돈이 없는 사람은 돈에 대해 말하고, 권력자와 은행가들은 도덕에 대해 말합니다."

질투와 부러움도 자신들이 갖고 싶은데 갖지 못하거나 정도가 충분하지 않은 데서 비롯됩니다. 따라서 상대의 결핍을 인식하고 이해하는 것은 나 자신에게 도움을 줍니다. 우리가 의도치 않게 상대를 더 자극하는 행동을 줄임으로써 우리 자신을 보호할 수 있기 때문이죠.

결국 우리는 타인의 질투를 그들이 내면적인 갈등과 결핍을 드러내는 신호로 이해함으로써 더 나은 인간관계를 형성할 수 있습니다. 이때 상대의 감정을 자극하거나 더 악화시키지 않고 상호 존중의 태도를 유지하는 것이 중요합니다. 타인의 질투에 맞서기보다 그 질투의 근원을 이해하고, 자신을 단단히 지키며 상대의 결핍을 자극하지 않는 현명한 대처를 통해 건강한 관계를 유지할 수 있습니다.

우리는 타인의 질투를 알아차리는 것과 동시에 나 스스로도 타인의 질투를 받으며 느끼는 두려움이 나의 내면적 취약함과 맞물려 있음을 알아차릴 수 있습니다. 타인의 시선을 두려워하는 감정은 사실 내가 스스로 흔들리고 취약한 부분에서 기인할 수 있으니까요. 즉 타인의 질투가 나에게 두려움으로 다가오는 이유는 나 역시 완전히 안정되지 못한 부분을 갖고 있기 때문이라는 사실에 더 주목해야 합니다.

질투에 휘둘리지 않는 네 가지 방법

• 상대방의 결핍을 이해하기

타인의 질투를 자신에게 던져진 비난이나 공격으로 받아들이기보다 그들이 느끼는 결핍이 투사된 감정임을 이해하는 것이 중요합니다. 그들이 자신에게 부족하다고 느끼는 것을 질투로 표현하고 있다는 사실을 인식하면 그들의 감정에 휘둘리지 않고 의연하게 대처할 수 있습니다.

•나의 두려움을 자각하고 돌보기

타인의 질투가 나에게 두려움으로 다가올 때 그것은 내 안에 아직 스스로 확신하지 못한 부분이 있음을 의미할 수 있습니다. 이때 타인의 질투와 부러움에 대응하기보다 그 두려움을 나 자신을 돌보는 에너지로 전환하려는 노력이 필요합니다. 내가 흔들리고 있는 부분을 살펴보고, 자신을 안정시키는 과정에 집중하는 것이 중요한 이유입니다.

•공감과 포용의 태도, 측은지심을 기르기

질투와 부러움은 우리가 모두 겪는 감정입니다. 상대방의 질투를 받아들이는 데 공감과 포용을 키우는 것은 그들과 함께 살아가는 방식을 더 건강하게 만들 수 있습니다. 그들의 질투가 단순히 악의적이기보다 그들의 불안정함에서 비롯된 감정이라는 것을 이해하고 공감하는 태도를 기르면 인간관계에서 더 큰 안정감을 느낄 수 있습니다.

• 자기 성장의 발판으로 삼기

타인의 질투를 자신의 불안으로 전환하는 대신 자신의 성장 기회로 삼으세요. 질투는 비교에서 비롯된 감정이기에 타인의 기대와 시선에 집착하기보다 나만의 속도와 목표에 집중하는 것이 중요합니다. 그리고 자신의 성공과 성취를 단단하게 지키고 담아낼 수 있는 자아 역량을 키우는 데 집중하세요.

결국 질투에 의연해지는 법은 타인의 결핍과 자신의 취약함을 인식하고, 그 감정을 자신을 돌보는 에너지로 전환하는 데 있습니다. 이를 통해 우리는 더 단단한 자아와 타인의 감정에 휘둘리지 않는 건강한 인간관계를 형성할 수 있을 겁니다.

"부러움은 우리가 더 나은 사람이 될 수 있게 하는 본능입니다. 이 감정을 제거하려 하지 말고 나를 위한 자양분으로 활용해 보세요."

Sigmund Freud

4장

세상에서 가장 소중한
나에게 필요한 말들

서른에게 프로이트가 말하다

19

불안을 피하려다가
중독의 함정에 빠지지 말 것

"삶을 견디는 것은 너무나 어렵다. 그러나 세 가지의 위안책이 있을 것이다.
비참함을 가볍게 볼 수 있는 강력한 변증, 고통을 줄여 줄 대체 만족
그리고 고통에 무감각해지게 만드는 중독성 물질이다."

프로이트는 《문명 속의 불만》(1930년)에서 인간이 삶의 고통
을 견디기 위해 강력한 변증(자기 합리화), 대체 만족(대리 만족과
보상), 중독성 물질의 세 가지 위안책을 사용한다고 말합니다.
이는 우리가 불안과 좌절에 직면할 때 현실을 왜곡하거나 진실
을 피하고 싶어 하는 경향을 나타내고 인간이 가진 연약함과 한
계를 드러냅니다.

프로이트에 따르면 인간은 끊임없이 쾌락과 만족을 추구하는
존재입니다. 그는 《문명 속의 불만》에서 인간이 고통과 불안을

피하기 위해 자기 합리화, 대체 만족, 중독성 물질의 세 가지 위안책을 사용한다고 설명했어요. 이는 우리가 불안과 좌절에 직면할 때 현실을 왜곡하거나 진실을 피하려는 경향을 나타내고 인간이 가진 연약함과 한계를 드러냅니다.

고통을 피하기 위한 중독은
더 큰 고통을 부를 뿐이다

프로이트는 고통 회피가 중독에 빠지는 중요한 동기라고 봤습니다. 특히 인간이 물질 사용이나 반복적인 특정 행동을 통해 안도감을 찾고, 이를 자가 치료로 삼는 경향이 있다고 말했습니다. 그러나 알코올이나 코카인처럼 강력하고 자극적인 쾌감을 주는 물질에 의존할 때 중독은 쉽게 강박적인 성향을 띱니다.

현대 사회에서는 스마트폰, 소셜 미디어, 쇼핑, 게임, 성관계, 음식 등 물질적 중독 외에도 다양한 행동적 중독이 두드러집니다. 특히 소셜 미디어와 인플루언서 문화는 타인의 인정과 관심을 통해 내면의 결핍을 채우려는 욕구를 부추깁니다. 겉으로는 무해해 보일 수 있지만, 무의식적으로 자아를 점점 더 의존하게 만들고 불안을 증폭시킵니다. 끊임없는 비교와 사회적 인정을 얻으려는 욕구는 '좋아요'나 '댓글' 같은 짧은 순간의 피드백에 도취되기 쉽습니다. 또한 '자격증'과 '포인트 쌓기' 등 금방 눈에 띄는 성과 전시는 본래의 성취 목적을 넘어 외부의 평가에 매달리게 되고 성과 강박이 높아지는 등 이상하게 변질될 위험이 큽니다. 돋보이기 위해 시작한 소비 행위 때문에 어느새 타인의 인정을 과도하게 갈망하며 특정 브랜드나 상품에 의존하기도 하죠. 소비하고 소유하지 않으면 불안에 시달리는 사이클에 갇히게 됩니다.

우리는 경제적 안정과 사회적 인정이라는 압박 속에서 쉽게 중독과 대리 만족, 자기 합리화에 빠질 수 있습니다. 남들과의 비교에서 오는 불안을 덜기 위해 자기 합리화나 과소비에 의존하거나 특정 사람과 중독성 물질에 의지하려는 경향이 있지만, 이런 방식은 일시적인 위안에 불과하며 불안을 더욱 키울 수 있습니다.

프로이트는 인간의 본능적 욕구, 특히 성적 욕구 같은 충족은 진정 친밀한 관계에서만 가능하다고 말했습니다. 일시적 대체 만족이나 물질적 쾌락에 집착하는 중독은 오히려 내면의 허기와 결핍을 더 심각하게 만듭니다. 무엇보다 자신을 파괴하고 타인에게 피해를 주는 행동이나 관계에 대해 분별하는 것이 필요해요. 당장 만족과 위안을 주는 대상이라 하더라도 자괴 파괴적이고 집착적인 양상을 보인다면 주의해야 합니다. 진정한 자아충족을 위해서는 자기 내면을 돌아보고, 무의식적 욕구와 결핍을 직면하며 진정한 만족을 추구해야 합니다. 지속적인 자기 성찰과 건강한 인간관계 추구가 중독의 악순환을 끊는 중요한 핵심입니다.

내담자: 요즘 자꾸 스트레스를 피하려고 술을 마시거나 게임에 빠져요. 이게 저를 무감각하게 만드는 것 같아서 더 걱정이네요.

상담자: 일상에서 느끼는 고통을 피하려고 사용하는 위안책일 수 있어요. 프로이트는 우리가 종종 고통을 피하려고 자기 합리화나 대체 만족 혹은 중독에 빠진다고 했죠. 하지만 장기적으로 보면 이런 방법들은 불안을 해결하지 못해요.

내담자: 그럼 어떻게 해야 불안에서 벗어날 수 있을까요?

상담자: 불안에서 도망가는 대신 그 감정을 직면하고 원인과 맞서는 것이 중요해요. 자신의 불안을 마주한다는 것은 생각보다 쉽지 않고, 그 과정에서 마음의 고통을 겪을 수 있지만 그래야 더 나은 대처 방식도 찾을 수 있어요. 무의식적으로 고통을 회피하려는 충동을 인식하는 것이 첫걸음입니다. 무엇보다 남들과의 비교가 불안을 더 유발할 수 있다는 점을 잊지 마

세요. 타인의 시선은 심리적 불안의 자극원이 될 뿐입니다.

"불안을 회피하지 말고, 그 뿌리를 직시하세요."

20

나에게까지 거짓말로
진심을 감출 필요는 없다

"자신에게 완전히 솔직해지는 것은
좋은 운동이다."

이 격언은 프로이트의 전반적인 견해와도 매우 밀접하게 연결되는 문장입니다. 그는 자신의 저서들에서 자기 성찰과 정신 분석에 대해 언급할 때 자기 솔직함과 내면적 탐구의 중요성을 강조했습니다. 그리고 이를 바탕으로 개인이 자신의 무의식적 동기를 이해해 가는 과정을 면밀하게 탐구했죠.

그 결과 프로이트는 진실한 자기 인식과 무의식적 동기에 대한 이해가 정신 건강에 중요한 역할을 한다는 사실을 밝혀냈습니다.

성장으로 가는 확실한 길은
솔직하게 직면하는 것이다

프로이트는 연구와 치료에서뿐만 아니라 개인적 관계에서도 자신의 생각을 솔직하게 표현했습니다. 자신의 인생에서 중요한 부분을 차지했던 아내 마르타에게 "인간이란 존재는 단지 살아남기에도 이렇게 고달프고 불쌍합니다"라고 고백하기도 했죠. 이는 그가 인간 존재의 연약함과 불안정함을 깊이 이해하고 있었음을 보여 줍니다.

프로이트는 자기 성찰과 연구의 한계에 대해서도 숨기지 않았습니다. 그는 40세 무렵, 평생의 연구를 걸었던 유혹 이론이 잘못되었음을 깨닫고 무척 좌절했지만 결국 이를 인정했습니다. 원래 유혹 이론은 어린 시절의 성적 트라우마가 성인의 신경증 원인이 된다는 내용이었는데요. 자신의 가정에서 성적 학대 없이 히스테리 신경증이 나타나는 것을 발견한 후 이론이 실제와 다르다는 점을 깨달았습니다.

1897년, 프로이트는 유혹 이론이 대부분 아이들의 환상에서 비롯된 것이라고 수정했으며, 이를 계기로 정신 분석의 초점을 외부 사건에서 인간의 내면과 무의식으로 옮겼습니다. 이런 솔직함은 정신 분석이 오이디푸스 콤플렉스, 무의식, 유아 성욕 등 새로운 이론을 포함해 확장하는 계기가 되었죠.

또한 그는 환자에게 무의식을 드러내도록 장려했습니다. 자유 연상법을 통해 환자들이 무의식의 진정한 감정과 마주하는 과정을 중요시했습니다. 솔직함이 환자 자신의 내면을 이해하고 억압된 기억을 풀어내는 핵심이라고 생각했기 때문입니다.

프로이트는 물질적 필요에 대해서도 숨기지 않았어요. 그의 친구 플리스에게 보내는 편지에서 "돈은 나에게 웃음 가스와 같다"라며 돈이 그의 생활에 현실적인 도움을 줄 뿐 아니라 심리적 안정감을 줬다는 점을 감추지 않았습니다. 이 유머러스한 비유는 그의 인간적 면모를 보여 주는 동시에 솔직함이 인간의 심리적 부담과 고통을 경감시킬 수 있다는 신념을 반영합니다.

이런 프로이트의 솔직함은 연구뿐 아니라 개인적 고백에서도 드러났는데요. 프로이트는 솔직함을 통해 인간의 심리적 고통을 회피하지 않고 마주하는 것이 정신적 성장의 열쇠임을 보여 줬습니다.

내가 감추는 것에
진정한 욕망이 숨어 있다

외부에서 정해 준 목표가 사라지고, 스스로 목표를 설정해야 하는 30대에는 자신에게 솔직해지는 것이 매우 중요합니다. 남들의 기대에 부응하려 애쓰는 대신 진정으로 자신이 원하는 것이 무엇인지 알아 가는 시간이 필요하죠. 이때 자아 성찰과 솔직함은 자신이 진정 원하는 방향을 찾는 데 필수랍니다. 프로이트는《The Future of an Illusion》(1927년)에서 솔직해지는 연습은 우리를 건강하게 만들어 주는 가장 좋은 운동이라고 말합니다. 자기 자신과 마주하는 것이 진정한 변화를 가져다준다는 말이죠.

그럼에도 솔직해지는 것이 어렵고 두렵게 느껴지는 분들에게는 프로이트는 아마도 이런 말을 들려줄 겁니다.

"비밀은 없다. 눈으로 보고 귀로 듣는 자는 어떤 인간도 비밀을 지킬 수 없다는 것을 알게 된다. 그의 입술이 침묵하더라도 그의 손끝이 말을 한다. 비밀은 신체의 모든 구멍을 통해 새어 나온다."

이는 프로이트의 《정신 분석학 입문 강의》(1917년)에 나오는 말입니다. 누군가가 비밀을 지키려고 할 때도 무의식적인 욕망과 숨겨진 진실이 신체 언어와 미묘한 신호를 통해서 필연적으로 드러날 수밖에 없다는 것을 설명한 내용입니다. 그는 무의식을 통해 자신을 드러내는 방법을 찾는다는 본인의 이론에 따라 사람의 무의식이 제스처나 비언어적, 간접적인 방식으로 드러나난다고 생각했습니다. 그래서 누구도 자신의 진정한 생각이나 감정을 완전히 숨길 수 없다고 밀한 것이죠.

내담자: 요즘 자꾸 제가 뭘 하고 싶은지를 모르겠어요. 그동안은 부모님과 사회가 정해준 목표를 따라왔는데, 이제는 아무것도 명확하지 않아요.

상담자: 30대는 스스로 목표를 설정해야 하는 시기예요. 자신에게 솔직해지는 것이 변화의 첫걸음입니다. 무엇이 진정으로 자신을 만족시키는지 탐구해 보는 건 어떨까요?

내담자: 그게 두려운 것 같아요. 뭘 하고 싶은지 찾는 게 쉽지 않네요. 용기가 부족한 것 같아요.

상담자: 그 두려움을 이해합니다. 하지만 두려운 감정을 마주하는 것이 진정한 시작입니다. 자신에게 솔직해지면 내면 깊숙한 곳에 있던 진정한 욕구를 발견할 수 있어요.

"자기 자신과 마주하는 것이 진정한 변화를 가져옵니다."

패기와 노련함 사이,
무한한 가능성을 펼칠 때

"인간은 모호함을 받아들이고
불확실한 상황에 부딪히면서 성장한다."

프로이트는 《Beyond the Pleasure Principle》(1920년)에서 인간이 본능적 쾌락과 현실 사이에서의 갈등을 통해 성숙해지는 과정을 이야기합니다. 여기서 '반복 강박'이라는 개념을 소개하는데요.

사람은 단순히 쾌락을 추구하는 것을 넘어 종종 고통스럽거나 트라우마적인 경험을 반복하려는 무의식적 경향이 있다는 사실을 발견했습니다. 말하자면 명확한 이득 없이도 고통을 반복할 수 있다는 것이죠.

프로이트는 이 이유를 쾌락 원칙만으로는 설명할 수 없다고 생각했습니다. 그는 반복 행동은 죽음 본능(타나토스)과 연관되며, 생명 본능(에로스)과 함께 인간 안에서 동시에 작용하는 복합적인 본능이자 힘으로 생각했습니다.

"인간에게는 어떤 과제를 정복하고자 하는 본능적 경향, 즉 '마스터하려는 욕구'가 있다."

죽음 본능은 본능적 쾌락과는 다르게 인간이 무의식적으로 고통스러운 상황을 반복하면서 그것을 통제하려는 과정에서 나타나는 힘입니다. 궁극적으로 정복 욕구의 실현 과정에서 드러나죠. 인간은 모호하고 불확실한 상황을 마주할 때 반복적인 고통을 통해 모호함을 해결하려 합니다. 그리고 이를 통해 더 나은 결과를 얻고자 합니다.

자신의 내적 고통을 처리하는 하나의 방식이기도 합니다. 이것이 바로 인간의 '숙달 과정'입니다. 고통을 이겨 내고, 불확실한 상황을 극복하고, 자신에게 유리한 방식으로 변환시키려는 무의식적인 노력의 하나로 볼 수 있어요.

프로이트는 이런 죽음 본능이 단순히 파괴적인 힘이 아니라 인간이 자신의 고통과 한계를 극복하고자 하는 정복 욕구와 맞물려 작용한다고 봤습니다. 그래서 이 자체를 인간의 심리적 발달과 성숙을 위한 중요한 과정으로 해석한 것이죠.

나만의 시험대를 만들고
스스로 그 위로 올라설 것

30대는 20대의 패기와 40대의 노련함 사이에서 무한한 가능성과 잠재력을 탐험하는 시기입니다. 이 시기에는 한계와 제약들과 부딪히며, 현실의 경험을 통해 더 단단한 자신을 만들어 가는 과정이 중요합니다. 모호함을 견디고 즐기는 자세를 취함으로써 더 풍성한 삶을 살아갈 수 있습니다. 지금은 실수를 통해 배우고, 자신의 진정한 가능성을 발견해 나가는 시기이며 사랑, 일, 여행 등에서 계속 탐험하는 태도를 유지하는 것이 성장의 열쇠입니다.

서른은 자신의 잠재력을 끌어올리기 위한 중요한 시기로, 모호함을 두려워하지 않고 오히려 기회로 삼는 것이 핵심입니다. 다만 어떤 방식으로 '실수의 과정'을 조율하고 통제할지도 같이 고민해야 합니다.

말하자면 안전하고 감당할 만한 시험대를 스스로 만들고 그 위에 올라갈 계획도 스스로 해야 한다는 것입니다. 경계를 설정하는 것도 내 몫이 되는 것, 이 부분이 서른 전과 그 이후가 가장 달라지는 부분이기도 합니다.

내담자: 앞으로 뭘 해야 할지 모르겠어요. 모든 게 불확실하고, 너무 불안해요. 요즘 일이 잘 안 풀리고 계속 같은 실수를 반복하는 것 같아요. 왜 이런 걸까요?

상담자: 프로이트는 모호함을 견디고 그 속에서 성장하는 법을 배우라고 했죠. 서른은 가능성과 불확실성이 공존하는 시기예요. 그 모호함을 피하기보다는 그 속에서 새로운 기회를 찾는 건 어떨까요?

내담자: 그게 쉽진 않네요. 저는 항상 명확한 계획이 있어야 안심이 되거든요.

상담자: 그럴 수 있어요. 하지만 지금의 불확실함을 견뎌 내기 위해 할 수 있는 작은 도전을 반복하다 보면 생산적인 방식으로 성장할 수 있어요. 실수나 실패를 반복하면서도 점차 더 나은 방식으로 대응하는 것이 중요해요. 자신을 극복하기 위한 반복으로 전환하기 위한 구체적인 고민이 필요해요.

내담자: 그럼 제가 지금 겪는 불안도 새로운 시도를 통해 더 나은 결과로 바꿀 수 있겠네요.

상담자: 맞아요. 작은 변화부터 반복해 보면서 불확실한 상황을 자신

에게 유리하게 변화시키는 과정이 성장의 시작이에요.

"불확실한 상황을 회피하기보다 성장을 위한 기회로 삼고, 그 속에서 즐기면서 자신을 단련할 수 있는 방법을 찾으세요."

22

삶이 치열할수록
단순함이 필요하다

"가끔은 담배는
그냥 담배일 뿐이다."

이 말은 공식 저서에 기록된 말은 아니지만, 프로이트의 담배 해석에 대한 일화로 유명합니다. 프로이트의 "가끔은 담배는 그냥 담배일 뿐"이라는 개념은 상징 해석에 대해 과도하게 복잡하게 접근하지 않으려는 그의 태도를 보여 줍니다. 말하자면 모든 사물이나 행동을 깊이 분석할 필요는 없다는 말이기도 하죠. 때때로 특정 상황의 단순성을 중요하게 본 것입니다.

프로이트는 애연가였는데, 흡연은 그의 일상에서 떼려야 뗄 수 없는 중요한 역할을 했습니다. 후대 학자들은 그의 흡연 습관을 구강기적 퇴행 행동으로 해석하기도 하고, 구강기에 충족되지 못한 욕구를 채우려는 무의식적 시도로 보기도 했죠. 프로이트의 발달 단계 이론에 따르면 구강기는 인간이 입을 통해 욕구가 충족되고 안정감을 얻는 시기이기 때문에 흡연은 무의식적인 안정감 추구로 해석될 수도 있습니다. 하지만 그에게는 흡연이 단순한 기호 습성이었을 수도 있죠. 그래서 프로이트는 "가끔은 담배는 그냥 담배일 뿐"이라는 입장을 통해 단순한 기호와 습성에 대한 과도한 해석을 경계한 것입니다.

　그는 《꿈의 해석》에서 복잡한 정신 구조 속에서도 때로는 단순함을 중요시하는 자세를 강조했습니다. 예를 들어 꿈에서 담배나 시가가 남성 성기나 성적 상징으로 해석될 수 있지만, 이를 모든 환자에게 똑같이 적용하면 환자의 개별적 자유 연상이 가진 진정한 의미를 놓칠 수 있다고 경고했습니다. 프로이트는 자유 연상을 통해 환자가 자신의 무의식적 진실을 드러내도록 하는 것을 최우선시하며, 분석가가 선입견을 갖고 특정 상징이나 고정된 의미에 지나치게 의존하지 말아야 한다고 봤던 것이죠. 그는 단순함을 인정하고 존중함으로써 사람의 무의식을 더 깊이 이해할 수 있다고 생각했습니다.

　그러니 일상생활에서도 모든 사람의 행동을 지나치게 분석하면 단순한 진실과 자연스러운 상호 작용을 놓칠 위험이 있다는 것을 잘 기억해야 합니다.

몸보다 마음에
휴식이 필요한 시기

30대는 과도한 업무와 관계에서 소진되기 쉬운 시기입니다. 그래서 때로는 복잡한 고민을 내려놓고 단순하게 일상을 보내며 마음의 휴식을 취하는 것이 필요하죠. 단순함 속에서 진정한 평온을 찾는 연습은 여러모로 삶에 도움이 됩니다. 복잡한 생각을 뒤로하고 꽃이나 유머 같은 단순함을 즐기는 시간을 꼭 마련해야 합니다. 삶의 치열함에서 벗어나 멍하니 시간을 보내는 것은 번아웃을 막는 데 중요한 역할을 해요. 단순한 즐김과 함께 번아웃으로부터 스스로 지켜야 자신을 잃지 않고 더 강해집니다.

내담자: 요즘 너무 지쳐요. 일도 많고, 관계도 복잡하고, 머릿속이 쉴 새 없이 돌아가요. 사람들의 말이나 행동에 지나치게 신경을 쓰고 자꾸만 그 이유를 찾으려 하다 보니 더 복잡해지네요.

상담자: 사람들이 하는 말과 행동이나 어떤 상황에서 항상 깊은 의미나 이유를 찾으려고 하면 더 혼란스러워질 수 있어요. 어차

피 모든 것을 통제할 수는 없습니다. 너무 많은 의미를 부여하기보다 가끔은 그냥 있는 그대로 단순하게 받아들이려는 마음가짐이 필요해요.

내담자: 그렇게 그냥 넘어가도 괜찮을까요? 이유를 알아야 할 것만 같아서 자꾸 생각하고 해석하려고 해요.

상담자: 물론이죠. 모든 행동에 특별한 이유가 있는 건 아니에요. 이유가 있다 하더라도 우리가 다 알아낼 수는 없죠. 오히려 그럴 때 잠시 쉬는 것이 평온을 찾는 데 도움이 될 수 있어요.

내담자: 어떻게 단순해질 수 있나요? 그게 어려워서 일에 더 몰두했던 것 같아요. 그런데 단순해지기는커녕 번아웃이 왔네요.

상담자: 그래서 단순한 것들을 즐기고 잠시 멍하니 시간을 보낼 수 있는 휴식이 필요한 거예요. 우선 '쉬어도 괜찮다', '더 무너지기 전에 반드시 쉬어야 한다'는 걸 자신에게 말해 줘야 합니다. 대개 일을 멈추면 그동안 쌓아온 게 무너질 것 같아 불안하다고 하지만, 자신이 무너지면 결국 일도 없는 거거든요. 번아웃 상태에서 계속 밀어붙이기보다 단순한 일상이나 한 가지 루틴에만 집중해야 에너지를 얻을 수 있습니다.

"단순함을 지켜야 자신을 잃지 않고 번아웃을 막을 수 있습니다."

23

시를 읽고, 그림을 보고,
철학에 빠질 것

"예술은 환상에서
현실로 돌아오는 길이다."

프로이트는 예술이 우리가 마냥 환상에 빠져 있지 않도록 도와주며, 우리가 현실에서 원하는 바가 무엇인지 명확하게 알려준다고 말했습니다. 예술을 환상과 현실을 잇는 중요한 다리로 해석한 것이죠. 실제로 예술은 내면의 억눌린 욕망과 감정을 현실로 끌어내고, 우리가 갈망하는 것을 현실에서 실현할 수 있는 중요한 통로입니다.

또한 프로이트는 "예술은 과거를 되돌아보고 미래를 다시 생각할 수 있는 능력을 준다"라고 했습니다. 예술은 우리가 무의식적으로 갈망하는 것이 무엇인지, 삶에서 어디로 향해야 하는지 등 현실에서의 답을 찾고 나아갈 길을 깨달을 수 있도록 도와줍니다. 그래서 생각이 복잡하고 답답할수록 예술을 가까이하라고 하는 것이죠. 분명 예술은 여러분에게 영감을 주는 가장 좋은 친구가 되어 줄 거예요.

프로이트는《꿈의 해석》에서 다음과 같은 말을 남기며 예술의 중요성을 거듭 강조했습니다.

"시인과 철학자가 나보다 먼저 무의식을 발견했다."

또한 "시인들은 과학이 아직 도달하지 못한 곳에서 정신에 대한 지식을 얻은 우리의 스승이다"라는 말을 하기도 했습니다. 시와 철학은 인간 내면의 무의식적인 갈등과 욕망을 발견하고 탐구하는 강력한 도구라는 것이죠. 프로이트는 시와 예술이 우리의 억눌린 감정과 무의식을 해소하고 현실로 끌어내는 과정에서 중요한 역할을 한다고 봤습니다. 특히 시가 무의식과 밀접하게 연결되어 있으며, 우리는 시를 통해 억눌린 감정을 표현할 수 있고 무의식 속의 복잡한 감정을 상징적이고 은유적으로 표현할 수 있다고 설명했어요. 그 역시 시를 즐겨 읽고 사랑하는 사람에게 편지를 쓸 때 시를 자주 인용했습니다.

프로이트는 예술이 무의식을 자극해 창의성과 영감을 불러일
으키는 중요한 역할을 한다고 설명했습니다. 우리가 능동적으
로 예술을 통해 창의적 영감을 찾아 나서야 한다고 강조했습니
다. 창의적 영감이 자연스럽게 떠오르지 않을 때 자신이 먼저
영감을 향해 나아가 보라고 말이죠. 구체적으로 어떤 감동과 영
감을 얻게 될지 모르는 채로 예술이 있는 곳을 찾아가는 것은 의
외로 삶의 생기와 설렘을 불러일으킵니다. 춤과 음악, 시와 문
학, 미술과 영화 등 그 장르와 형식은 상관없습니다. 예술 앞에
서서 우리의 무의식 속에서 억눌린 감정을 드러내고, 우리의 마
음속에 감동과 창의성이 들어올 수 있도록 자주 기회를 주는 것
이 중요합니다.

예술은 답을
알고 있다

30대는 안정된 삶을 추구하면서도 동시에 새로운 도전과 자아
실현을 원하는 시기입니다. 그러나 때로는 현실에서 답을 찾지
못하고 방황하기도 하죠. 자신이 어디로 나아가야 하는지, 무엇
을 갈망하는지에 대한 혼란은 우리를 지치게 합니다. 이런 상황
에서 예술, 철학 그리고 시는 내면의 갈등을 탐구하고 해소할 수

있는 도구가 될 수 있습니다.

내담자: 저는 지금 삶이 너무 답답해요. 무엇을 해야 할지도 모르겠고, 매일 반복되는 일상에 지쳐 버린 것 같아요. 답을 찾고 싶지만, 아무리 노력해도 보이지 않아요.

상담자: 프로이트는 그런 상황에서 예술이 우리에게 방향을 제시한다고 했어요. 예술을 통해 환상 속에 갇히지 않고 진정으로 무엇을 원하는지, 어디로 나아가야 할지를 찾을 수 있어요. 예술은 무의식 속의 갈망과 욕구를 표현하고, 이를 현실로 이끌어 낼 수 있는 힘을 제공합니다.

내담자: 하지만 예술이 저에게 정말 도움이 될까요? 저는 그냥 현실적인 답을 찾고 싶을 뿐인데요.

상담자: 예술은 단순한 도피가 아닙니다. 프로이트는 예술이 우리의 무의식을 표현하면서도 현실에서 답을 찾도록 돕는다고 말했어요. 예술을 통해 자신을 더 잘 이해하고, 삶에서 무엇이 진정으로 중요한지 깨달을 수 있습니다. 진정으로 바라고 갈망하는 것이 무엇인지 알 수 있죠. 그리고 예술이 그 길을 찾는 데 분명히 도움이 될 거예요.

내담자: 그래도 예술이라는 게 막연하게 느껴져요. 제가 어떻게 시작해야 할지 모르겠어요.

상담자: 영감이 스스로 찾아오지 않으면 우리가 절반쯤 찾아가야 합니다. 시와 철학, 미술과 음악을 접하면서 자신에게 질문을 던져 보세요. 특히 시를 읽다 보면 복잡했던 감정이 정리되기 시작할 거예요. 시인과 철학자들은 이미 우리의 무의식에 대한 답을 알고 있었다고 합니다. 그들이 걸어온 길을 따라가면서 자신의 갈망과 욕구를 현실 속에서 찾을 수 있을 겁니다.

내담자: 정말 시 하나로 제 길을 찾을 수 있을까요?

상담자: 물론입니다. 예술은 우리가 현실에서 갈망하는 답을 찾을 수 있도록 도와줍니다. 예술을 통해 우리는 과거를 되돌아보고 미래를 다시 설계할 수 있어요. 무엇보다 중요한 건 자신만의 예술과 마주하는 거예요. 예술이 내면을 탐구하게 만들고, 그 속에서 나만의 답을 발견하게 할 겁니다. 예술을 이해하려고 하기 전에 먼저 오감으로 느끼면서 스스로의 감정을 자유롭게 탐험해 보세요.

"예술은 무의식을 표현하는 창입니다. 그러니 사람은 예술과 만나야 합니다. 특히 자신만의 예술과 마주하며 자신을 탐색하세요."

24

남들과의 비교를 통해
성장하는 사람은 없다

"자신과 비교해야 할 유일한 사람은
과거의 자신뿐이다."

서른 즈음에 우리는 종종 다른 사람들과 자신을 비교하면서 자신이 이룬 것들이 부족하다는 생각에 불안함을 느끼곤 합니다. 이런 비교는 현대 사회에서 특히 더 강해지며, 그 기준은 타인과의 경쟁 속에서 설정되는 경우가 많죠. 그러나 프로이트는 남들과의 비교가 우리의 성장을 돕지 않으며, 오히려 자신을 해치는 행위라고 말했습니다. 비교해야 할 유일한 대상은 과거의 자신뿐입니다.

프로이트는 타인과의 비교가 아닌 자아 성찰을 통해 인간이 스스로 성장할 수 있다고 봤습니다. 자신과의 비교는 남들과의 경쟁이 아닌 자신의 삶에서 더 나은 방향으로 발전하는 데 필수적인 과정입니다. 남들과 비교하는 것은 우리의 무의식 속에서 자존감을 깎아내리고, 불안감을 증폭시킵니다. 반면에 과거의 나 자신과 비교하는 것은 더 건강한 접근 방식이죠. 자신의 성장 과정을 인식하고, 그에 따라 스스로 발전할 기회를 얻게 되니까요.

프로이트는 "남을 괴롭히면서 쾌감을 느끼는 사람들은 결코 자기 자신에게 만족할 수 없다"라고도 말했습니다. 이 말은 타인의 실패나 고통을 통해 자신을 위로하는 것은 진정한 만족감을 주지 않는다는 의미입니다. 타인과 자신을 비교하며 일시적으로 위안을 얻는 행위는 결국 자기 자신에게만 해로울 뿐이죠. 진정한 성장은 과거의 자신과의 비교에서 비롯되며 남들의 기준을 따르지 않고 자신만의 성장 과정을 인식하는 것이 중요합니다.

서른이라는 시점에서 우리는 그동안의 성취와 실패를 되돌아보고 스스로의 성장 과정을 평가할 필요가 있습니다. 과거와 비교해 봤을 때 자신이 얼마나 발전했는지를 인식하는 것은 자기 성찰의 중요한 과정입니다. 이 과정은 단순히 후회하거나 자책하는 것이 아니라 자신이 걸어온 길을 인식하고 성장의 기준점들을 다시 확인하는 것입니다. 성장은 외부의 기준이 아닌 자신이 이룬 것들에 대한 내적 평가에서 비롯된다는 사실을 잊지 마세요.

뒤처졌다는 초조함은
대부분 허상에 불과하다

현대를 살아가는 30대는 사회적 기대에 부응하려는 압박을 많이 받습니다. 특히 결혼, 재산, 직업 등 눈에 보이는 성과를 타인과 비교하며 불안을 느끼는 경우가 많습니다. 평균에서 벗어날까 봐 불안해하는 '평균 불안'이 대체로 커지죠. 남들이 이루는 성취를 보며 자신이 뒤처졌다고 느낄 때는 자신의 성장 과정을 돌아보세요. 과거의 자신을 돌아보며 오늘날의 자신이 얼마나 발전했는지를 인식하고 어떤 부분을 채워 나가야 할지를 직면하는 것이 건강한 심리적 태도입니다.

내담자: 저는 항상 남들과 저를 비교하게 돼요. 친구들은 벌써 결혼도 하고, 집도 샀는데 저는 아직 그런 성과가 없거든요.

상담자: 남들과 자신을 비교하는 것은 스스로를 해치는 것과 다르지 않아요. 비교할 대상은 과거의 자신이어야 합니다. 타인이 아니라 과거의 나와 비교했을 때 지금 자신이 얼마나 성장했는지를 평가해 보세요.

내담자: 하지만 살아가면서 남들과의 비교를 피하는 건 쉽지 않아요.

상담자: 그렇죠. 하지만 중요한 건 자신이 걸어온 길을 스스로 인정하고, 성장의 과정을 받아들이는 것입니다. 남들의 성공이 자신의 실패를 의미하는 것은 아니에요. 남들과 비교하는 대신 어제보다 더 나아진 스스로를 발견해 보세요.

서른에는 남들과 자신을 비교하려는 유혹에 빠지기 쉽습니다. 그러나 남들과의 비교는 자아를 깎아내리고, 더 나아가 자신을 부정적으로 보게 만듭니다. 과거의 자신과 비교하는 것이 더 나은 방향으로 나아갈 수 있는 성장의 길입니다.

"과거의 자신과 비교하는 것이 진정한 성장을 가져옵니다. 남들과의 비교는 오히려 자존감을 떨어뜨릴 뿐입니다."

25

우정에 깊게 빠지지 말고
사랑은 너무 재지 말라

"우정은 거리를 유지하는 예술이며
사랑은 친밀함의 예술이다."

프로이트는 인간관계에서 우정과 사랑의 차이를 분명히 설명
했습니다. 우정에서는 감정적인 거리를 유지하며 서로의 독립
성을 존중하는 것이 중요합니다. 지나치게 친구의 일에 빠져들
면 감정적으로 쉽게 소진되기 때문에 우정을 망칠 수 있습니다.

반면 사랑은 진정한 감정 교류와 친밀함이 핵심입니다. 사랑
에 지나치게 계산적으로 접근하는 것은 관계를 위태롭게 만들
수 있습니다.

특히 우리는 서른 즈음에 종종 계산적인 사랑에 빠지기 쉽습

니다. 그 이유는 두 가지입니다.

첫째, 서로 간의 믿음이 부족하기 때문입니다.

믿음이 부족하면 상대방이 나를 진직으로 받아들이고 있는지 확신이 서지 않아서 우리는 상대에게 마음을 온전히 열지 못하고, 이익과 손해를 따지게 됩니다.

둘째, 자기 스스로 감정적 경계를 유지하는 데 취약하기 때문입니다.

정서적 경계를 적절하게 유지할 힘이나 자신감이 부족할 때 우리는 물리적 거리나 경제적 독립을 통해 이를 대신하려고 합니다.

이렇게 계산적이고, 주도권 다툼 같은 힘겨루기 형태의 사랑은 상대방이 진정한 동반자인지 확신하지 못할 때 생깁니다. 일상에서 자주 혼동하는 모습을 보이게 되죠. 상대가 나의 편인 것 같다가도 어느 순간에는 남의 편처럼 느껴지기도 하고, 진정한 동반자처럼 느껴졌다가도 적으로 보이는 순간이 찾아옵니다. 또한 지금은 함께 가는 동지로 보이지만, 언젠가는 헤어질 대상으로 보일 때도 있습니다. 이런 혼란은 사랑에서 계산적인 태도를 불러일으키며 관계의 깊은 친밀감을 막을 수밖에 없어요. 자기 보호 본능이 더 많이 발동하게 됩니다.

우정과 사랑은
거리 조절이 관건이다

　30대는 관계가 변화하는 시기입니다. 가정생활, 직장 생활, 경제생활 등 생활 환경이 변화하면서 친구들과의 거리가 멀어지고, 그 관계에서 불안을 느낍니다. 특히 내적인 생각의 변화, 가치관의 변화, 관점의 변화는 근본적인 변화를 일으킵니다. 변동과 변화 자체가 불안을 일으키기 때문에 우리는 잘못된 방식으로 문제에 빠지기 쉬워지죠. 친구의 일에 지나치게 깊이 빠지거나 연인 관계에 지나치게 재는 우를 범할 수 있습니다. 모두 관계를 왜곡시킬 수 있는 상황이죠. 이처럼 우정과 사랑에 대한 고민과 혼돈이 커질 수 있는 이 시기에 우정에서는 적절한 거리를 유지하고, 사랑에서는 진정한 친밀감을 형성해야 한다는 프로이트의 지침이 큰 도움이 될 것입니다.

우정은 거리 유지의 예술이다

내담자: 친구 문제에 너무 몰입하다가 제 일은 제대로 못 챙길 때가
　　　　많아서 힘들어요.

상담자: 우정은 거리를 유지하는 예술입니다. 친구의 문제에 지나치게 몰입하면 나만 에너지가 소모될 수 있어요. 적당한 거리를 유지하는 것이 중요합니다.

내담자: 어떻게 해야 관계를 유지하면서도 거리를 유지할 수 있죠?

상담자: 때로는 양해를 구하거나 자신의 여력이 있을 때 친구의 일에 관여하려고 노력해 보세요. 자신이 도와주지 않으면 안 될 것 같은 불안 때문에 무조건 친구 일에 뛰어들기보다 우선 그 불안과 충동을 직면하는 것이 중요합니다. 그래야 자신의 감정과 에너지를 보호하고 친구에 대한 부정적인 생각도 떨쳐 낼 수 있어요.

사랑은 친밀함의 예술이다

내담자: 남자 친구와의 관계에서 자꾸 재게 돼요. 이게 정말 사랑인지 잘 모르겠어요.

상담자: 사랑은 친밀함의 예술이에요. 계산적인 사랑에서 벗어나려면 감정적 교류와 신뢰를 쌓는 것이 필요합니다.

내담자: 저의 믿음이 부족해서 항상 상대를 의심하게 되는 걸까요?

상담자: 상대에 대한 믿음이 부족한 것처럼 보이지만, 일차적으로 자기 확신이 부족한 것은 아닌지를 먼저 돌아봐야 합니다. 누군가를 충분히 믿어본 적이 있나요? 믿는 것 자체가 어려운

사람이라는 것을 연애하기 전까지는 잘 인식하지 못했을 수
도 있어요.

내담자: 사랑하는 사람에 대한 환상이나 이상적 그림이 더 컸던 것
같아요. 실제 사랑하는 사람과는 뭘 얘기하고 뭘 나눠야 하
는지를 잘 몰랐던 것 같아요.

상담자: 이제 막 진정한 사랑으로 나아가는 걸음마 과정 중에 있다는
것을 기억하면서 하나하나 용기를 내서 상대와 나눠 보기 시
작해 보세요. 자신의 어려운 점, 모르는 것들, 이해가 잘 안
되는 것들을 말이죠.

"우정은 거리를 유지하는 예술이고, 사랑은 친밀함의 예술입니다. 계
산적인 사랑은 믿음 부족과 경계 취약성에서 비롯됩니다."

26
무의식이 보내는
청신호와 적신호

"작은 결정을 내릴 때는 이성을 따르고,
큰 결정을 내릴 때는 감정과 직관을 신뢰하라."

프로이트는 인간의 정신이 이성적으로만 작동하지 않으며, 우리의 많은 결정이 무의식의 영향을 받는다고 주장했습니다. 특히 인생의 중요한 결정에서 이성적인 판단만을 믿는 것은 한계가 있을 수 있다고 봤어요. 우리는 때때로 이성만으로는 설명할 수 없는 순간을 맞이합니다. 다행히 그럴 때 우리가 믿고 따를 만한 심장이 주는 통찰이 있습니다. 그 직관은 우리가 진정으로 원하는 길을 가리킬 때가 많습니다. 이성은 우리가 명확하게 논리적으로 설명할 수 있는 부분을 담당하지만, 감정과 직관은 더 깊고 본능적인 결정을 끌어냅니다. 프로이트는 감정적 직관은 우리의 무의식에서 비롯되며, 이를 인간의 진정한 욕망과 연결된 중요한 요소로 여겼습니다.

무의식적 마음에 대한 존중은 서른 즈음 맞이하는 인생의 중요한 순간과 결정들에 필수적입니다. 직업을 선택하거나 사랑하는 사람을 결정할 때 우리의 이성적 판단만으로는 내면의 진실한 욕망과 자신이 추구하는 바를 이해하기 어렵죠. 무의식은 우리의 억눌린 감정이나 깊은 본능적인 욕구를 담고 있으며, 이를 무시하는 것은 진정한 자아와의 단절을 의미합니다. 따라서 이성을 존중하면서도 감정과 직관에 귀 기울이는 전인적인 접근이 필요합니다. 무의식을 통해 우리는 논리적으로 설명할 수 없는 중요한 직관적 통찰을 얻을 수 있고, 이는 삶의 큰 결정을 내릴 때 더욱 중요한 역할을 합니다.

직감이라는 이름의
무의식이 보내는 신호

서른 즈음 직업을 선택하는 것은 특히 큰 고민거리입니다. 이성적으로 안정적인 직장을 유지하는 것이 거의 언제나 옳아 보일 수 있습니다. 하지만 너무 많은 것을 감수하면서 강박적으로 안정만을 좇고 있다면 한번쯤 점검해 필요가 있어요. 진정으로 원하는 길을 놓칠 뿐만 아니라 자신의 건강을 해칠 위험이 있기 때문입니다.

무의식의 청신호를 따르는 것과 무의식적 거부감을 직시하는 것 모두 중요합니다. 일에서 여러분이 무엇에 매료되고 끌리는지, 어떤 일을 하며 열정을 느끼고 심장이 뛰는지를 인식하는 것이 우선입니다. 발등에 불이 떨어진 경우가 아니라면 여러분의 고유한 욕구를 반영하는 것일지도 모를 신호를 무시할 이유가 전혀 없습니다. 자신이 진정으로 원하는 일을 붙들어야 합니다. 직관적 반응을 자기 것으로 만들어야 우리는 성장할 기회를 잃어버리거나 혼란 속에 헤매는 일 없이 도전할 수 있습니다.

그리고 무의식적 거부감에도 주의를 기울여야 해요. 겉으로 끌리고 심지어 멋있어 보이는 일이라 해도 내면에서 어떤 거부감이나 불안감이 올라올 일이 있을 수 있습니다. 이때 그 불안과 거부감, 불편함이 무엇을 의미하는지 깊이 살펴봐야 해요. 무의식적 거부감은 여러분이 특정 길을 피해야 할 경고 신호일 수 있기 때문입니다.

사랑에서도 무의식적 직관에 귀 기울이는 것이 중요합니다.

자신이 상대에게 반하는 순간은 고유한 내면의 욕구를 반영하는 중요한 신호입니다. 하지만 사랑에서는 무의식적 끌림과 직관적 끌림을 혼동하지 않도록 주의해야 해요.

반하는 감정을 붙들되 그것이 무의식적 충동인지 아닌지 구분하는 것이 중요합니다. 무의식적 끌림은 어린 시절의 미해결된 욕구에서 비롯될 수 있으며, 반복적이고 비합리적인 관계를 형성할 가능성이 있습니다. 프로이트는 우리가 끌리는 대상이나 직업이 종종 "해소되지 않은 오이디푸스 콤플렉스"의 재현일 수 있다고 설명했습니다. 이는 어린 시절에 해결되지 못했던 감정이 반복해서 나타나는 형태이자 무의식적 충동에 불과할 수 있다는 것을 말합니다.

반면 성숙한 직관적 끌림은 자신이 진정으로 원하는 것과 맞닿아 있으며, 프로이트가 말하는 유아 성욕에서 비롯된 맹목적인 끌림과는 다릅니다. 따라서 무의식적 거부감에도 귀를 기울여야 합니다. 아무리 끌림이 강해도 내면에서 불안이나 거부감이 느껴진다면 그 신호를 가볍게 넘기지 말아야 해요. 진정한 사랑의 결정은 진짜 끌림과 맹목적 충동을 구분하고, 그 안에서 성숙한 직관을 찾는 것에서 시작됩니다.

"단순히 끌림에만 의존해서는 안 되며, 그 끌림이 건강한 직관인지, 아니면 반복된 패턴에 의한 충동인지 구분해야 한다."

일과 사랑, 사랑과 일
사이에서 균형 잡기

사람들은 종종 사랑과 현실을 분리하는 경향이 있습니다. 현실적인 조건을 따지며 진짜 사랑을 보류하거나 포기하는 등 타협하려는 마음이 생길 수 있죠. 사실은 그런 방식이 더 쉬운 측면이 있기 때문입니다. 그러나 서른부터 너무 일찌감치 타협할 필요가 없습니다. 사랑과 현실을 통합하는 것이 비록 어려운 일이지만, 성숙하고 깊이 있는 사랑을 위해 더 나은 선택이 될 것입니다. 사랑과 현실을 하나로 통합하는 과정은 성장을 위한 도전이며, 그 과정을 통과한 사람들만이 진정한 만족을 찾을 수 있습니다.

이처럼 결정의 균형을 잡는 것은 인생에서 매우 중요한 요소입니다. 무언가를 하기로 결심하는 것도 중요하지만, 하지 않기로 하는 것도 똑같이 중요한 선택입니다. '고(Go)'와 '스톱(Stop)'은 모두 중대한 결정에서 균형을 잡아야 할 요소들입니다. 사랑과 직업에서 무엇을 시작할지 뿐만 아니라, 멈추기로 하는 선택 또한 성숙한 결정을 내리는 중요한 과정입니다. 이성과 감정 그리고 무의식적 직관을 잘 결합해 고와 스톱의 균형을 맞춰 가는 것이 필수적입니다.

무의식이 이끄는 곳에 꿈이 있다

내담자: 안정된 직장에서 계속 일해야 할지, 아니면 새로운 도전을 해야 할지 고민돼요. 이성적으로는 지금 직장이 더 안전하지만, 마음속 깊은 곳에서는 다른 일을 하고 싶어요.

상담자: 작은 문제는 이성으로 해결해야 하지만, 인생의 큰 결정을 내릴 때는 감정과 직관을 신뢰해야 합니다. 내면의 무의식적인 소리에 귀 기울여 보세요. 감정과 직관은 종종 우리가 논리적으로 설명할 수 없는 깊은 통찰을 제공합니다.

내담자: 맞아요. 마음속에서 계속 새로운 길을 가고 싶다는 생각이 들긴 하는데, 현실적인 걱정도 만만치 않게 크네요.

상담자: 둘 다 중요한 요소인 것은 맞아요. 하지만 감정과 직관, 무의식적 불안 모두 찬찬히 살펴보면서 스스로 원하는 방향을 더 명확하게 따라가 보는 게 중요해요.

직감은 마음이 보내는 신호다

내담자: 애인과 결혼을 앞두고 있는데, 애인이 저를 은근히 무시하는 것 같아요. 머리로는 애인을 사랑하고, 빨리 결혼해서 안

정적인 삶을 살고 싶으니 이대로 진행하는 게 맞다고 하는데 마음이 불편해요.

상담자: 이성적인 판단과 현실적인 판단도 중요하지만 감정이 보내는 거부감도 무시해선 안 돼요.

내담자: 그럼 마음이 시키는 대로 여기서 멈추고, 결혼을 다시 생각해 봐도 괜찮을까요?

상담자: 그럼요. 마음의 소리를 들으면서 결정을 내려 보세요. 감정과 이성을 함께 사용하는 것이 가장 현명한 선택이에요. 시간이 걸리더라도 말이죠.

이처럼 프로이트는 인생의 큰 결정을 내릴 때 감정과 직관을 신뢰하는 것이 중요하다고 강조했습니다. 직업이나 사랑에 관한 결정에서 이성만을 의존하지 말고, 무의식이 주는 직관적인 통찰을 존중하는 것이 필요합니다. 이성과 감정의 균형을 이루는 것이 우리를 더 나은 삶으로 이끌어 줄 것입니다.

"일이든 사랑이든 진정한 반함과 맹목적이고 불안한 충동을 구분해야 합니다."

27

잠 못 들고 몸이 피곤하다면
마음이 지쳤다는 증거다

"최초의 자아는 신체적인 자아이며,
단순히 표면적인 실체가 아니라 표면이 투사된 이미지다."

    프로이트는 우리의 자아가 단순히 정신적 차원에서만 형성되는 것이 아니라 몸에서 시작된다고 설명했습니다. 우리의 내면이 신체적 경험에 깊이 뿌리를 두고 있다고 말이죠. 자아는 우리가 어떻게 느끼고, 어떻게 반응하며 몸의 욕구를 어떤 방식으로 충족시키는가에 깊이 연결되어 있습니다. 자아는 단순히 정신적 활동만으로 형성되지 않아요. 신체적 욕구와 반응을 통해 세상과 상호 작용하며 형성됩니다. 몸은 단순한 생리적 수단이나 감각적인 욕구를 채우는 도구를 넘어섭니다.

신체적 자아는 우리의 감각과 반응, 몸의 요구를 통해 자아를 보호하고 성장시킵니다. 그렇게 자아는 신체를 통해 외부 세계와의 경계와 자기 한계를 인식하고, 내적 안정을 유지할 수 있는 능력을 발전시키죠. 그래서 신체적 자아는 우리 사신을 이해하고 자아와 세상이 만나는 접점이라고 할 수 있습니다.

프로이트가 말한 신체적 자아의 개념은 몸을 통해 세상과 관계를 맺고, 그 경계를 설정한다고 설명합니다. 즉 몸을 통해 외부와의 관계를 인식하고, 내부와 외부를 구분하며, 자신과 타인을 분별하면서 자아의 경계를 형성하게 되는 것이죠.

몸의 상태와 욕구는 우리의 감정, 직관, 심리적 상태에 중요한 영향을 미칩니다. 몸은 단순히 자아의 껍질이 아니라 자아의 일부분이자 신체적 경험이 자아의 성장을 좌우하게 되죠. 그래서 몸을 소홀히 하면 우리의 자아 역시 심리적 경계마저 약해져 불안과 혼란을 겪기 쉽습니다. 역으로 심리적 경계가 무너진 결과가 몸의 상태를 통해 나타나기도 합니다.

신체가 무너지면
정신도 무너진다

서른 즈음에 접어들면 신체적으로 더 많은 변화와 부담을 느껍니다. 예전에는 쉽게 해냈던 일들이 점점 더 어려워지고, 신체적 피로와 긴장이 누적되면서 정신적 불안이 심화됩니다. 이 시기에는 직장과 가정에서 과도한 책임감을 느끼게 되며 사회적, 정신적 독립을 추구하는 과정에서 정신적 혼란이 심해지기 쉽습니다. 그런데도 우리는 종종 몸의 신호를 무시하고 사회적, 정신적 과업에만 집중하려는 경향이 있습니다.

하지만 몸과 마음은 긴밀하게 연결되어 있어 신체적 자아가 무시되면 자아 전체가 균형을 잃고 불안해지기 쉽습니다. 서른에 몸이 느끼는 피로, 긴장, 배고픔 등의 욕구와 감각을 무시하지 않는 것이야말로 자아의 안정을 유지하고 정신적 균형을 지키는 중요한 열쇠입니다.

몸이 쇠퇴하는 시기, 서른

30대는 신체적 쇠퇴를 처음으로 자각하는 시기라고 합니다. 신체의 변화는 그동안의 삶의 균형을 깨뜨릴 수 있으며, 건강에 대한 불안도 함께 가져옵니다. 최근에는 '저속 노화'라는 키워드가 확산하면서 건강 관리와 노화에 대한 고민이 더욱 깊어지고 있는데요. 30대에 만성 피로, 소화기 질환(위염, 과민 대장 증후군), 근골격계 질환(목 디스크, 허리 통증) 같은 신체적 질환들이 흔하게 나타나는 이유는 대개 몸이 보내는 신호를 무시하거나 충족하지 않

았기 때문입니다. 또한 심혈관 질환 초기 증상(고혈압, 고지혈증)
이나 정신 건강 문제도 서른 즈음에 흔히 발생하며 이는 신체적
자아가 충분히 돌봄을 받지 못한 결과일 수 있습니다.

서른에 흔히 경험하는 불면증과 비만 및 대사 증후군도 신체
적 자아의 요구가 무시될 때 자주 발생하는 질환입니다. 이는
단순한 몸의 질병이 아니라 자아의 경계와 균형이 흔들리면서
발생하는 신호이자 결과물로 이해해야 합니다.

또한 몸이 지쳐 갈수록 감정 역시 예민해지고, 신뢰할 수 있는
판단을 내리기 어려워집니다. 신체적 요구를 소홀히 할 때 자아
는 피로해져서 공허해지거나 방황하기 쉬운 상태에 놓일 수 있
다는 것을 기억하세요.

현대의 잠 못 드는
30대에게

"잠이 보약이다"라는 말은 특히 현대의 30대에게 중요합니다.
2015년 우리나라 수면 장애 진료 통계를 보면 30대의 불면증이
3년간 연 10퍼센트 이상 급증했는데요. 육아와 일을 병행하는
여성에게서 특히 두드러졌습니다. 직장에서의 과도한 업무와

승진에 대한 압박, 가정 내에서의 경제적 책임까지 한순간도 숨 돌릴 틈이 없는 일상이 30대를 지치게 합니다. 벌써 30대의 불면증 유병률이 20퍼센트를 넘어서고 있으니 여간 심각한 것이 아닙니다. 시간이 지나도 이 문제는 여전히 진행 중입니다.

내담자: 요즘 밤에 잠을 잘 못 자요. 잠이 부족해서 하루 종일 피곤한데, 계속 이런 상태가 이어지니까 다른 사람보다 노화가 빨리 오는 건가 싶어 불안해지기까지 하네요.

상담자: 그렇게 생각하기 쉬운데, 사실 30대에 겪는 불면증은 단순히 자연스러운 노화와는 조금 달라요. 나이가 들면서 수면 패턴이 달라지긴 하지만, 복합적인 원인이 있어요. 지금 불면증의 주된 원인은 생활 습관이나 과중한 스트레스일 가능성이 큽니다.

내담자: 생활 습관이요? 구체적으로 어떤 걸 말하는 건가요?

상담자: 예를 들면 직장과 집에서 계속되는 스마트폰과 컴퓨터 사용이 불면증에 큰 영향을 줄 수 있어요. 특히 화면에서 나오는 과도한 블루 라이트는 멜라토닌 분비를 방해해서 수면을 방해하거든요. 좀 의아하게 들릴 수 있지만, 사실 불면증을 일으키는 여러 원인 중 하나는 수면 자체를 줄이려는 무의식적인 행동일 수도 있어요.

내담자: 그럼 제가 무의식적으로 수면을 피하는 걸 수도 있나요?

상담자: 네, 맞아요. 생활이 바쁘다 보니 무의식적으로 수면을 뒷전으로 하게 되면서 몸이 원하는 휴식을 놓치는 경우가 많아요. 수면 부족이나 감각적 피로 같은 문제가 자아에도 영향을 미칠 수 있어요. 신체가 계속 지치면 자아도 안정성을 잃고 불안해지기 쉽죠.

내담자: 그러니까 이 불면증이 제 몸과 자아의 불균형에서 비롯된 것일 수도 있겠네요.

상담자: 맞아요. 불면증은 자신을 돌보라는 자아의 무의식적인 신호일 수 있어요. 불면증은 우리에게 '잠시 멈추고 나를 돌보라'는 경고일 수 있어요. 자신의 한계를 인식하고 삶의 속도와 방향을 조절할 필요가 있다는 뜻일지도 모릅니다.

내담자: 그러면 어떻게 해야 할까요?

상담자: 자신에게 시간을 주고, 혼자만의 공간에서 마음의 쉼을 가지는 게 필요해요. 그 시간을 통해 자신이 무엇을 갈망하고, 또 어떤 불안이 있는지 명확히 바라볼 수 있죠.

내담자: 마음의 쉼표, 그것도 중요한 부분이었네요.

상담자: 맞아요. 불면증을 극복하기 위해서는 단순히 신체적 휴식뿐 아니라 마음의 안식도 필요해요. 신체와 마음이 연결되어 있다는 걸 이해하면 불면증을 더 잘 다룰 수 있을 거예요.

직장에서의 성과나 인간관계에서의 기대를 위해 몸을 무리하게 사용하다 보면 결국 자아는 균형을 잃고 피폐해질 수밖에 없습니다. 특히 삶의 속도가 너무 빠를 때 수면, 식사, 휴식 같은 기본적인 것들이 종종 무시되고 취약해지곤 합니다. 일상 속에서 충분한 휴식과 수면, 균형 잡힌 식습관, 규칙적인 운동이 충족되면 몸을 돌볼 뿐만 아니라 자아의 경계를 잘 유지할 수 있습니다.

바쁜 일상에서도 정기적인 건강 검진 등을 통해서 몸과 함께 정신적 스트레스나 내면의 긴장 상태를 확인하세요. 잠을 이루지 못할 때도 그 원인을 단순한 스트레스나 불규칙한 생활 습관에서만 찾지 말고, 내면의 요구와 불안의 원인을 직시하는 것이 중요해요. 주기적인 관리로 자신의 한계를 넘어서거나 에너지 한도를 초과하기 전에 적절하게 대응할 기회를 놓치지 말아야 합니다.

"자아는 신체에서 비롯됩니다. 몸의 욕구를 무시하지 마세요. 그것이 곧 자아의 건강을 지키는 길입니다."

28

지나온 날들이 모여
오늘의 나를 만든다

"지금의 우리는 지금까지 살아온 경험이 만든 결과다.
우리가 누군가의 인생의 문제를 풀기 위해서는
그 사람에 대한 도덕적 판단보다 그에 대한 더 많은 지식이 필요하다."

프로이트는 한 사람의 정체성과 행동 양식을 형성하는 데 과
거의 경험과 무의식적 동기가 얼마나 중요한지 강조했습니다.
그는 현재의 성격과 행동은 모두 그 사람의 과거 경험과 사건들
의 영향을 받은 것이라고 말합니다. 특히 서른 즈음에서 인생의
후반부를 향해 나아가기 전에, 자신이 걸어온 삶을 리뷰해 보는
것은 무척 필요하고 의미 있는 일입니다.

그런데 자신의 과거를 이해하는 것은 단순한 결심만으로 이뤄
질 수 있는 것이 아닙니다. 과거를 돌아보고 온전하게 이해하는

과정에는 자기 공감 능력과 객관적 시각이 필수적입니다.

프로이트는 "우리는 우리가 과거에 있었던 그 자체로 지금의 우리가 된다"라는 말을 통해 우리의 현재 모습이 과거 경험의 산물이라는 점을 강조했습니다. 이를 이해하는 데는 단순한 회상이나 반성이 아닌 더 깊은 성찰과 자기 이해가 필요합니다. 즉 과거의 경험 속에서 억압되거나 무의식 속에 남아 있는 감정과 상처를 이해하고 처리하는 과정이 필요하다는 뜻이죠.

중요한 것은 과거의 사건이 단지 지나간 일이 아니라 현재의 나에게 어떤 영향을 미치고 있는지를 입체적으로 바라보는 심리적 자세입니다. 우리는 과거를 회상하며 '왜 내가 이렇게 행동했는가?', '왜 내가 이런 감정을 느꼈는가'를 탐구하면서 과거와 현재를 연결 짓고, 자아를 형성할 수 있습니다. 이 과정은 무의식 속에서 남아 있는 상처와 해결되지 않은 갈등을 끌어올리는 과정입니다.

현재의 문제에 대한 답을
과거에서 찾아야 하는 이유

• 무의식의 힘과 과거의 영향

프로이트는 우리의 행동이 무의식적인 기억과 감정에 의해 결정된다고 봤어요. 그는 "환자는 그에게 억압된 것을 전부 기억하지 못하는데, 그가 기억하지 못하는 것이 정확히 가장 핵심적인 부분일 수 있다"라고 말하며, 우리가 의식적으로 기억하지 못한 경험들이 현재의 행동과 감정에 영향을 미친다고 설명했습니다.

이는 어린 시절의 경험이나 부모와의 관계에서 비롯된 억압된 감정이 성인 관계에서도 반복될 수 있다는 점을 의미하죠. 과거의 상처와 억압된 기억을 성찰하지 않으면 우리는 무의식적으로 과거의 행동 패턴을 재현할 가능성이 크다는 의미입니다.

• 감정적 패턴의 형성과 영향

어린 시절의 경험은 현재의 감정적 패턴을 형성하는 데 중요한 역할을 합니다. "어린 시절의 경험이 성인의 행동을 결정짓는다"라는 프로이트의 결정론처럼 우리의 초기 경험은 현재의 감정 표현과 관계에서 그대로 드러납니다. 어린 시절에 겪은 사랑과 실망, 좌절과 기대는 현재의 인간관계에 영향을 미치며, 이를 이해하는 과정은 성숙한 감정 처리를 가능하게 합니다.

• 자기 성장과 성찰

프로이트는 자기 성찰을 통해 성숙과 개별화 과정이 일어난다고 봤습니다. 즉 과거의 경험을 성찰하고 그것이 현재의 나에게 미치는 영향을 이해하는 과정이 자기 성장에 필수적 요소라는 것이죠. 그는 과거의 사건을 단순히 후회하는 것이 아니라 그 안에서 교훈을 찾아내어 미래를 더 나은 방향으로 이끌어 나가야 한다고 강조했습니다. 이런 성찰 과정은 개인적 성장을 위한 핵심 단계입니다.

• 파괴적 패턴 끊기

과거를 성찰하지 않으면 우리는 파괴적인 행동 패턴을 반복할 수 있습니다. 프로이트는 "현재의 공포증은 과거에 한때 쾌락을 준 것이었을 수 있다"라고 언급하며, 우리가 반복하는 실수나 두려움의 근원이 종종 과거의 경험에서 비롯된 것임을 설명합니다. 과거의 트라우마나 잘못된 결정에서 비롯된 행동 패턴을 인식하고, 이를 끊어 내는 것은 현재와 미래의 삶에 긍정적인 변화를 가져오는 중요한 과정입니다.

과거는 무거운 족쇄가 아니라
날아오를 수 있는 발판이다

자신의 과거를 얼마만큼 충분히 이해하는지도 자아의 능력입니다. 과거의 경험을 단순히 기억하고 추억하는 것이 아니라, 그 안에 담긴 무의식적 의미를 파악하고 현재의 나에게 어떻게 영향을 미치는지를 입체적으로 이해해야 합니다. 이때 과거 이해력이 증진됩니다. 자신의 지이기 어떤 방식과 모양새로 형성되어 왔는지 정확히 이해하는 것이야말로 진정한 성숙으로 나아가는 데 필수 단계입니다.

프로이트는 우리가 과거의 경험에서 교훈을 얻고, 이를 통해 현재와 미래를 설계해야 한다고 말했습니다. 자기 공감과 객관적 시각을 바탕으로 과거를 성찰하는 것은 더 나은 선택을 할 수 있는 힘을 줍니다. 비록 인생의 전반전이 삶의 기대에 미치지 못했고 실패를 경험했다 하더라도 특히 스스로 부실하다고 느껴질수록 과거를 이해하고 받아들이는 과정은 새로운 시작을 위한 중요한 발판이 됩니다. 이 과정을 통해 우리는 더 나은 미래와 멋진 후반전을 설계할 수 있으며, 앞으로 평온하고 만족스러운 노년도 꿈꿀 힘을 얻게 됩니다. 지금 이 순간이야말로 변화를 위한 중요한 모멘텀입니다.

내담자: 지금까지의 선택이 옳았는지 돌아보면 후회되는 게 많아요.
상담자: 지금 우리의 모습이 과거의 경험과 선택의 결과물입니다. 과

거를 돌아보고, 그 과정에서 중요한 통찰을 얻을 수 있어요. 특히 부모님과의 관계를 되돌아보는 것이 중요한데요. 그 과정에서 삶에 대한 결정적인 요소들을 발견하게 될 거예요.

내담자: 그럼 과거의 잘못도 받아들여야겠네요. 후회만 늘어날 것 같은데, 그냥 잊어버리고 앞으로 나아가는 게 최선 아닐까요? 과연 과거를 되돌아보는 게 더 나은 선택을 할 수 있게 도와줄까요?

상담자: 과거를 성찰함으로써 자신을 더 깊이 이해하게 되고, 그 경험들이 미래의 선택을 더 현명하게 만들어 줄 거예요. 과거를 돌아보는 것은 과거에 빠지거나 연연하는 게 전혀 아닙니다. 오히려 제삼자의 관점에서 입체적으로 내 인생을 바라볼 수 있도록 해 줄 겁니다. 부모님과의 관계를 객관적으로 조명하고 성찰하는 과정에서 많은 것을 배우게 되고 이를 바탕으로 현재와 미래를 더 건강하게 설계할 수 있어요.

"현재를 주체적으로 살고 싶다면, 더 나은 미래를 꿈꾼다면 지금 삶을 리뷰해 보세요."

불안정한 시기에 만나는 심리학의 거장
서른에 읽는 프로이트

인쇄일 2024년 11월 26일
발행일 2024년 12월 3일

ⓒ 성유미, 이인수 2024

지은이 성유미 이인수
펴낸이 유경민 노종한
책임편집 조혜진
기획편집 유노북스 이현정 조혜진 권혜지 정현석 **유노라이프** 권순범 구혜진 **유노책주** 김세민 이지윤
기획마케팅 1팀 우현권 이상운 **2팀** 이선영 김승혜 최예은
디자인 남다희 홍진기 허정수
기획관리 차은영
펴낸곳 유노콘텐츠그룹 주식회사
법인등록번호 110111-8138128
주소 서울시 마포구 월드컵로20길 5, 4층
전화 02-323-7763 **팩스** 02-323-7764 **이메일** info@uknowbooks.com

ISBN 979-11-7183-071-8 (03180)